杭州优秀传统文化丛书
Hangzhou Youxiu Chuantong Wenhua Congshu

云山已作蛾眉浅

刘采采 著

杭州出版社

图书在版编目（CIP）数据

云山已作蛾眉浅 / 刘采采著. -- 杭州：杭州出版社, 2022.8
（杭州优秀传统文化丛书）
ISBN 978-7-5565-1655-1

Ⅰ.①云… Ⅱ.①刘… Ⅲ.①女性—名人—生平事迹—中国—古代 Ⅳ.① K828.5

中国版本图书馆 CIP 数据核字（2021）第 274507 号

Yunshan Yi Zuo Emei Qian

云山已作蛾眉浅

刘采采 / 著

责任编辑	李利忠
装帧设计	李轶军　祁睿一
美术编辑	祁睿一
责任校对	萧　燕
责任印务	屈　皓
出版发行	杭州出版社（杭州市西湖文化广场32号6楼）
	电话：0571-87997719　邮编：310014
	网址：www.hzcbs.com
排　　版	浙江时代出版服务有限公司
印　　刷	天津画中画印刷有限公司
经　　销	新华书店
开　　本	710 mm × 1000 mm　1/16
印　　张	18
字　　数	224千
版 印 次	2022年8月第1版　2022年8月第1次印刷
书　　号	ISBN 978-7-5565-1655-1
定　　价	58.00元

（版权所有　侵权必究）

序 言

文化是城市最高和最终的价值

我们所居住的城市，不仅是人类文明的成果，也是人们日常生活的家园。各个时期的文化遗产像一部部史书，记录着城市的沧桑岁月。唯有保留下这些具有特殊意义的文化遗产，才能使我们今后的文化创造具有不间断的基础支撑，也才能使我们今天和未来的生活更美好。

对于中华文明的认知，我们还处在一个不断提升认识的过程中。

过去，人们把中华文化理解成"黄河文化""黄土地文化"。随着考古新发现和学界对中华文明起源研究的深入，人们发现，除了黄河文化之外，长江文化也是中华文化的重要源头。杭州是中国七大古都之一，也是七大古都中最南方的历史文化名城。杭州历时四年，出版一套"杭州优秀传统文化丛书"，挖掘和传播位于长江流域、中国最南方的古都文化经典，这是弘扬中华优秀传统文化的善举。通过图书这一载体，人们能够静静地品味古代流传下来的丰富文化，完善自己对山水、遗迹、书画、辞章、工艺、风俗、名人等文化类型的认知。读过相关的书后，再走进博物馆或观赏文化景观，看到的历史遗存，将是另一番面貌。

过去一直有人在质疑，中国只有三千年文明，何谈五千年文明史？事实上，我们的考古学家和历史学者一直在努力，不断发掘的有如满天星斗般的考古成果，实证了五千年文明。从东北的辽河流域到黄河、长江流域，特别是杭州良渚古城遗址以4300—5300年的历史，以夯土高台、合围城墙以及规模宏大的水利工程等史前遗迹的发现，系统实证了古国的概念和文明的诞生，使世人确信：这里是古代国家的起源，是重要的文明发祥地。我以前从来不发微博，发的第一篇微博，就是关于良渚古城遗址的内容，喜获很高的关注度。

我一直关注各地对文化遗产的保护情况。第一次去良渚遗址时，当时正在开展考古遗址保护规划的制订，遇到的最大难题是遗址区域内有很多乡镇企业和临时建筑，环境保护问题十分突出。后来再去良渚遗址，让我感到一次次震撼：那些"压"在遗址上面的单位和建筑物相继被迁移和清理，良渚遗址成为一座国家级考古遗址公园，成为让参观者流连忘返的地方，把深埋在地下的考古遗址用生动形象的"语言"展示出来，成为让普通观众能够看懂、让青少年学生也能喜欢上的中华文明圣地。当年杭州提出西湖申报世界文化遗产时，我认为是一项需要付出极大努力才能完成的任务。西湖位于蓬勃发展的大城市核心区域，西湖的特色是"三面云山一面城"，三面云山内不能出现任何侵害西湖文化景观的新建筑，做得到吗？十年申遗路，杭州市付出了极大的努力，今天无论是漫步苏堤、白堤，还是荡舟西湖里，都看不到任何一座不和谐的建筑，杭州做到了，西湖成功了。伴随着西湖申报世界文化遗产，杭州城市发展也坚定不移地从"西湖时代"迈向了"钱塘江时代"，气势磅礴地建起了杭州新城。

从文化景观到历史街区，从文物古迹到地方民居，众多文化遗产都是形成一座城市记忆的历史物证，也是一座城市文化价值的体现。杭州为了把地方传统文化这个大概念，变成一个社会民众易于掌握的清晰认识，将这套丛书概括为城史文化、山水文化、遗迹文化、辞章文化、艺术文化、工艺文化、风俗文化、起居文化、名人文化和思想文化十个系列。尽管这种概括还有可以探讨的地方，但也可以看作是一种务实之举，使市民百姓对地域文化的理解，有一个清晰完整、好读好记的载体。

传统文化和文化传统不是一个概念。传统文化背后蕴含的那些精神价值，才是文化传统。文化传统需要经过学者的研究提炼，将具有传承意义的传统文化提炼成文化传统。杭州在对丛书作者写作作了种种古为今用、古今观照的探讨交流的同时，还专门增加了"思想文化系列"，从杭州古代的商业理念、中医思想、教育观念、科技精神等方面，集中挖掘提炼产生于杭州古城历史中灵魂性的文化精粹。这样的安排，是对传统文化内容把握和传播方式的理性思考。

继承传统文化，有一个继承什么和怎样继承的问题。传统文化是百年乃至千年以前的历史遗存，这些遗存的价值，有的已经被现代社会抛弃，也有的需要在新的历史条件下适当转化，唯有把传统文化中这些永恒的基本价值继承下来，才能构成当代社会的文化基石和精神营养。这套丛书定位在"优秀传统文化"上，显然是注意到了这个问题的重要性。在尊重作者写作风格、梳理和讲好"杭州故事"的同时,通过系列专家组、文艺评论组、综合评审组和编辑部、编委会多层面研读,和作者虚心交流,努力去粗取精,古为今用,这种对文化建设工作的敬畏和温情,值得推崇。

人民群众才是传统文化的真正主人。百年以来,中华传统文化受到过几次大的冲击。弘扬优秀传统文化,需要文化人士投身其中,但唯有让大众乐于接受传统文化,文化人士的所有努力才有最终价值。有人说我爱讲"段子",其实我是在讲故事,希望用生动的语言争取听众。今天我们更重要的使命,是把历史文化前世今生的故事讲给大家听,告诉人们古代文化与现实生活的关系。这套丛书为了达到"轻阅读、易传播"的效果,一改以文史专家为主作为写作团队的习惯做法,邀请省内外作家担任主创团队,组织文史专家、文艺评论家协助把关建言,用历史故事带出传统文化,以细腻的对话和情节蕴含文化传统,辅以音视频等其他传播方式,不失为让传统文化走进千家万户的有益尝试。

中华文化是建立于不同区域文化特质基础之上的。作为中国的文化古都,杭州文化传统中有很多中华文化的典型特征,例如,中国人的自然观主张"天人合一",相信"人与天地万物为一体"。在古代杭州老百姓的认知里,由于生活在自然天成的山水美景中,由于风调雨顺带来了富庶江南,勤于劳作又使杭州人得以"有闲",人们较早对自然生态有了独特的敬畏和珍爱的态度。他们爱惜自然之力,善于农作物轮作,注意让生产资料休养生息;珍惜生态之力,精于探索自然天成的生活方式,在烹饪、茶饮、中医、养生等方面做到了天人相通;怜惜劳作之力，长于边劳动、边休闲娱乐和进行民俗、艺术创作，做到生产和生活的和谐统一。如果说"天人合一"是古代思想家们的哲学信仰，那么"亲近山水，讲求品赏"，应该是古代杭州人的生动实践，并成为影响后世的生活理念。

再如，中华文化的另一个特点是不远征、不排外，这体现了它的包容性。儒学对佛学的包容态度也说明了这一点，对来自远方的思想能够宽容接纳。在我们国家的东西南北甚至是偏远地区，老百姓的好客和包容也司空见惯，对异风异俗有一种欣赏的态度。杭州自古以来气候温润、山水秀美的自然条件，以及交通便利、商贾云集的经济优势，使其成为一个人口流动频繁的城市。历史上经历的"永嘉之乱，衣冠南渡"，"安史之乱，流民南移"，特别是"靖康之变，宋廷南迁"，这三次北方人口大迁移，使杭州人对外来文化的包容度较高。自古以来，吴越文化、南宋文化和北方移民文化的浸润，特别是唐宋以后各地商人、各大商帮在杭州的聚集和活动，给杭州商业文化的发展提供了丰富营养，使杭州人既留恋杭州的好山好水，又能用一种相对超脱的眼光，关注和包容家乡之外的社会万象。这种古都文化，也代表了中华文化的包容性特征。

城市文化保护与城市对外开放并不矛盾，反而相辅相成。古今中外的城市，凡是能够吸引人们关注的，都得益于与其他文化的碰撞和交流。现代城市要在对外交往的发展中，进行长期和持久的文化再造，并在再造中创造新的文化。杭州这套丛书，在尽数杭州各色传统文化经典时，有心安排了"古代杭州与国内城市的交往""古代杭州和国外城市的交往"两个选题，一个自古开放的城市形象，就在其中。

"杭州优秀传统文化丛书"在传统和现代的结合上，想了很多办法，做了很多努力，他们知道传统文化丛书要得到广大读者接受，不是件简单的事。我们已经走在现代化的路上，传统和现代的融合，不容易做好，需要扎扎实实地做，也需要非凡的创造力。因为，文化是城市功能的最高价值，也是城市功能的最终价值。从"功能城市"走向"文化城市"，就是这种质的飞跃的核心理念与终极目标。

2020 年 9 月

（单霁翔，中国文物学会会长）

西湖图（局部）

目 录

001　引　言

第一章
003　何处结同心——南朝苏小小

第二章
023　万斛闲愁何日尽——北宋周韶

第三章
035　多少蓬莱旧事——北宋琴操

第四章
057　千生万生只在——北宋王朝云

第五章
083　娇痴不怕人猜——南宋朱淑真

第六章
105　易安心事岳王知——南宋李清照

第七章
135　画自女中佼——南宋杨桂枝

第八章
151　人间亦有痴于我——明末冯小青

第九章
175　朝朝还夕夕——明末女诗人王微

第十章
195　侠骨让红唇——明末柳如是

第十一章
219　风雨年年无了休——清初黄媛介

第十二章
237　伊人不可逢——清代陈端生

第十三章
259　多少人间不共圆——清末许禧身

引 言

杭州的湖光山色甚美,仿佛一位兰心蕙质、姿容如画的女郎,叫人心生柔情。

千百年来,在这片土地上,也曾出现过数不清的清丽倩影,苏小小、周韶、琴操、王朝云、杨桂枝、朱淑真、李清照、冯小青、王微、柳如是、黄媛介、陈端生、许禧身……她们用毕生的志与愿,情与爱,恨与怨,书写了仪态万千的传奇故事,留下不朽的人生传奇。

每一个美丽的名字,都曾为湖山增色,并一直闪耀在历史的星空。

第一章
何处结同心——南朝苏小小

【人物档案】

姓名：苏小小

年代：南齐

出生时间：479 年

去世时间：约 502 年

籍贯：钱唐

特长：诗词歌赋

职业：歌伎

代表作：《同心歌》

点评：苏小小虽沦落风尘，但为人热血仗义，颇具侠义之心，又富有才华，敢于掌控自己的命运。因此，古往今来的文人墨客皆心向往之，将之引为隔世知己，在灵魂的时空里悄然相遇，对其事迹多有传颂。白居易、李贺、温庭筠、曹聚仁、余秋雨等古今文人，均曾为其撰写诗文。

相关古迹：杭州西湖西泠桥畔苏小小墓

1. 落雪

水结冰，地始冻，初雪便迫不及待地，盈盈落下。

窗外探过来一枝含苞欲放的绿梅，才不过一会儿的工夫，花骨朵上就被裹了厚厚的一层，压得枝头摇摇欲坠。

绿萼端了汤药进门，却是一阵扑面而来的凌厉寒风。抬眼，便瞧见自家小娘子身着单衣，枯立于轩幌之前。也不知小娘子开着轩幌是有多久了，竟叫这搁在外间暖炉里那顽强不息的炭火，面对轩幌之外铺天盖地冲进来的彻骨寒意，也是无能为力。

绿萼将汤药放在桌上，行至小娘子身畔，低声埋怨道："多少年没见过这般遮天迷地的大雪了，下得搓绵扯絮似的。也不知今冬到底怎的，小阳春才过，就冻得这般厉害……"

说着，绿萼关上了轩幌，又扶了小娘子往外间火炉边的软榻上行去，边行边道："小娘子穿得这般单薄，倘若是着了凉，如何是好？待那阮府郎君回来，怕是要拿婢子与姨母训话。"

听到那熟悉的名字，苏小小瘦弱的身躯不禁微微一震。她佝偻着身子，缓缓坐到暖炉旁去。

绿萼手脚麻利地从小娘子的被窝儿里摸出个乌里藏着金的物什——是件上了年岁的"锡夫人"。可别小瞧了这件物什，她家小娘子宝贝得紧，是那阮府郎君留下的，说是打小便跟着他，片刻也不曾远离。

既是这般珍贵，又为何要赠予小娘子？说的是瞧见此物便如瞧见他本人。

于是，小娘子便日日握在手里，夜夜暖在被窝儿里，真如待那阮府郎君一般。

绿萼伴随着小娘子从孩童到桃李年华，从未见她这般失魂落魄的样子。绿萼心中对阮府郎君自是颇多意见，拿着那"锡夫人"之时，只恨不得摔到西湖里去解气。可恨归恨，却还是老老实实地试了试温度。倒还算暖和，便又喜滋滋地将"锡夫人"往小娘子的怀里送，说："小娘子快暖暖手，好生将息自己。这手啊，再冻上一会儿，长了冻疮，就不好再弹琴了。"

苏小小淡淡应道："那便不弹……"

绿萼却摇头："这如何使得？"

"如何使不得？"

"最近有位新来的上江观察使孟郎君，多次差人送函相请，邀小娘子到府里一叙。婢子都以小娘子身体抱羞挡了回去。倘若是这孟郎君哪日突然登门拜访,小娘子这般憔悴模样,又当如何相见?"

"那便不见。"

说这话时,苏小小俏白的脸上,表情僵硬宛如冰凌。

绿萼心中自然明白,自家小娘子是笃定了心意不见那位上江观察使的。小娘子的心里,只有那位从建康城里来的阮郎君。

一想起那位,绿萼便恨得有些牙痒,他到底是哪里好,竟叫小娘子鬼迷了心窍?

说起来,这段孽缘还是要怨那去年的春光太过美好。

2. 西泠伤心人

去年春日,草长莺飞,桃红柳绿,暖风吹得人心醉。

绿萼想去踏青赏花,便与姨母撺掇小娘子春游。

那日,小娘子乘坐的油壁香车刚刚行至断桥,一匹青骢马便自对面行来。大约是从未见过如此引人瞩目的油壁香车,青骢马竟然受了惊吓,忽地昂首嘶叫,将端端坐在马背上的郎君给颠了下来。

因油壁香车是"罪魁祸首",小娘子便下车,与那郎君施礼致歉。

哪晓得两人不过是对视了一眼,便在彼此心中种下了姻缘。

从那以后，绿萼发现小娘子像是换了个人儿似的，不仅对那阮府郎君一心一意，还谢绝了车马盈门的生活，整日里与阮府郎君耳鬓厮磨，心心念念地盼着望着，想要做他的新妇。

却没想到，今年开春才到桃月里，正当是绮丽芬芳、桃红粉面羞的好时光，绿萼还来不及撺掇小娘子与阮郎君结伴踏青，建康城里便来了人，说是阮府老爷身体抱恙，盼着儿子早日归家。

阮府郎君自是半刻也不敢耽搁，当即收拾了行李，就要离去。

绿萼还记得，当时她家小娘子眼巴巴地瞧着阮府郎君，就盼着他说一句带她一道回去。

阮府郎君原先也想如此，哪知那仆役却建议，待郎君回府征得了老爷的许可之后，再来接小娘子回府。

阮府老爷毕竟是当今太宰，该给的尊重，还是要给的。

绿萼便只好瞧着她家小娘子，依依不舍地瞧着自己的情郎离去，然后闭门谢客，苦苦地相思等待。

这一等，便等过了麦月、蒲月、荷月、兰月、仲秋、菊月、露月……

说来可笑，那郎君曾经信誓旦旦，山盟海誓；如今离开了钱唐，便杳如黄鹤，再无音讯。

小娘子怕郎君忘记了她，前些日子，专门写下一首诗，差人送到建康城中的阮府去。

绿萼还记得，那首诗是这样写的：

妾乘油壁车，郎跨青骢马。
何处结同心？西陵松柏下。

这是想要告诉阮府那位郎君，她苏小小信守承诺，在西泠等着他归来，待他归来之时，要让万古长青的松柏，来见证他们的姻缘。

如此痴情，真叫人于心不忍。

书函送出去不久，她家小娘子的身子骨便垮掉了。

瞧着小娘子越来越憔悴，绿萼心疼不已，端了汤药到她跟前，轻声劝道："小娘子先将汤药喝了吧，身子骨要紧。"

苏小小接过汤药，刚喝了两口，便又放下了。她低下眉眼，抚摸着手中的"锡夫人"，心事重重。

绿萼瞧了一眼那扇刚刚关上的轩幌，心中有些懊恼，不禁说道："这阮府郎君也忒无情了些，这么长的日子里，竟然连只言片语都没有捎来过。"

话音刚刚落下，便瞧见小娘子的乳母贾姨，领着一名仆役，出现在门口。她的手中握着一封书函，而那仆役，正是数月前来接阮府郎君回去的那位。

绿萼有些诧异，还未询话，她家小娘子已经颤颤巍巍地站了起来。她满怀期冀地盯着乳母手中的书函，轻声问道："姨母，是……是阮郎来接儿了吗？"

姨母没有回答，满是沧桑的脸上，却是哀哀的神情。

她递上了手中的书函。

苏小小将书函轻启开来，才看了几句，手便颤抖起来。

那送信来的仆役这时开了口。他虽是躬着身子，可言辞当中却难掩傲慢地说道："苏小娘子，我家郎君前些日里，已遵照太宰阿郎的安排，与司空家的女郎缔结了良缘，怕小娘子再多等待，便叫小的前来，知会小娘子，莫要再等我家郎君了。盼小娘子善自珍重，福寿康宁。"

说完，也不待小娘子说话，便转身离去了。这般无礼，料想是差遣他前来的主人一早吩咐的。

绿萼刚要追出去斥责两句，却见她家小娘子像一片雪花似的，轻飘飘地坠落在地上。原本被小娘子搂在怀里的"锡夫人"也跌落在地，泼了满地的水。

那暖乎乎的水从罐子里泼到地上之后，瞬间便已透彻冰凉。

绿萼上前，狠狠地踢了锡罐子一脚。

不知此时建康城中门当户对、喜结连理的那对贵人，可否晓得在钱唐西泠桥畔，还有一个肝胆俱裂的伤心人呢？

3. "情"

绿萼围在门房的小火炉旁，瞧了一眼门外的大雪，

想像銀塘積素餘湖光山色又何如近涇趙北橋邊過一例風光入翠輿

右斷橋殘雪

御製西湖十景詩

臣梯璜敬書

【清】钱维城、嵇璜《御制西湖十景诗意图·断桥残雪》

打了一个哆嗦,将双手笼到了袖子里。

往年粉雕玉砌的钱唐冬日,今年实在难挨得很。

她有些受不了小娘子身上所散发出来的寒气,便让贾姨母陪着小娘子,自己借口要来门房讨一些炭,给小娘子的屋子加些暖。

可实际上,她只是想短暂地逃离一下。

自打上月里,见了太宰府家那位没有教养的仆役之后，她家小娘子就大病了一场。现如今虽身体已然痊愈，甚至前日里，还领着绿萼同贾姨母一道，去赴了上江观察使孟郎君的约。可绿萼总觉得，她家小娘子像是被人抽了魂儿，如同布偶似的。美当然还是美的，就像今冬的西湖，上下一白，依旧美得令人心动。

可，却好像有什么不太一样了。

大约因此，也大约因为近日来风雪交加，绿萼总疑心她们建在西湖畔的这栋木楼，摇摇欲坠，虚弱极了。

贾姨母也觉得今冬不太对劲。她是小娘子的乳母，从小娘子呱呱坠地，便将她捧在手心里养大。她常常引以为傲，因为小娘子如那蒲草，坚韧至极。哪怕是后来苏家主人主母相继离世，小娘子以羸弱的娇躯扛起了家里的生计，即便遭遇不公，或受屈辱的时候，也未曾见她如此失魂落魄。

想到这里，绿萼不禁叹了口气。

"情"这一字，横平竖直，清清秀秀，谁料却有摧枯拉朽之势。

不知几时，她家小娘子才能安然渡过此番劫难。

门房的老汉已将烧好的炭火用盆盛了来，对绿萼说道："多暖暖，小娘子兴许能热乎回来。"

绿萼拿筐子搂住，向老汉道了谢，正要往小娘子的屋子走去。

可脚步才刚刚迈开，便听见大门外"咚"的一声——

似有什么东西，撞上了自家的大门？

绿萼与老汉面面相觑，忙不迭打开大门。

一个倚门而立、冻得僵硬的雪人，顺势倒在了院子里。

4. 书生鲍仁

如果说，那日绿萼与门房老汉的心中但凡对这门外的响动少了一丝一毫的好奇，不打开院门瞧个仔细，恐怕这个世界上，便再也没有能够拯救她家小娘子的人了。

瞧着自家小娘子一副生机勃勃的模样，绿萼心中对那日的奇遇，更加视为上天的安排。

倒在她家门口的人，是个书生，名叫鲍仁。在前日里，曾在西泠桥上瞥见她家小娘子乘坐油壁香车出行。

绿萼记得那天，那天正好是小娘子去赴上江观察使孟郎君的约。没想到，竟然被鲍郎君给瞧见了。

按照鲍郎君的说法，当时来了一阵小风，将苏家小娘子香车的帷幔吹了起来。他在那一刻，被小娘子的美貌所惊艳，便走不动路了。

随后，这呆子就被人偷了盘缠。

没有盘缠，就行不了路，更莫说去参加明年初的春试。他一介书生，生活难以为继，恐怕连活着都难。

屋漏偏逢连夜雨。连日来，皆是风雪交加。鲍仁饥寒难耐，艰难行至这叫他失魂落魄还丢了前程的地方，便再也承受不住，倒在了一户人家的门前。

可巧，正是他心心念念的苏小小家。

当时，门房老汉将他扛进了屋，用水洗干净了他的脸。

绿萼只瞧了一眼，便知道她家小娘子有救了。

这张脸，与太宰府那个负心汉长得极为肖似。若非要寻个不同，便是鲍郎君衣衫褴褛，不似阮郎君锦衣华服，风度翩翩。

但尽管鲍郎君出身贫苦，可到底是个读书人，谈吐举止，很有君子之仪。

拾掇拾掇，也不比那些门庭显赫的郎君们差。

她家小娘子近日里，日日与鲍郎君谈天说地，谈古论今，竟然又像是春日里的鲜花般，活了过来。

绿萼十分欣慰。

可安生日子才没过多久，她家小娘子便寻了她，要她去典当一些首饰，换些银两，为那书生鲍仁筹些盘缠，助他赶考。

绿萼有些震惊，不知该劝小娘子，还是该帮小娘子。

贾姨母到底年长许多，见过些世面，自然是阻挠的。

"小娘子莫要被那穷书生的话给诓住了，他若连上京赶考的盘缠都守不住，又如何有那般智慧，在春试高中呢？"

她家小娘子皎月一般的脸上，却扬着盈盈笑意，如春风般和煦温柔地说："儿觉得，以鲍郎君的才学，定然能够考取功名。"

"傻娘子啊，你且同姨母讲讲：那鲍书生是否有承诺，倘若他日考取功名，便要来求娶娘子？"

听到这句话，绿萼瞧见她家小娘子的眼中，似有光芒骤然黯去。可又仿佛是忽然想起了什么，那光芒又重新燃了起来。

她抿着嘴，微微一笑，竟似豪杰一般，说道："姨母多虑了，鲍郎君虽未向儿轻言承诺，更未向儿表达过心意，但他尊重儿，敬爱儿，与儿说话相处，从未有过丝毫无礼怠慢，是个真正的君子。他这样的郎君，倘若能考取功名，定然能够为百姓谋福祉，也定然能够造福一方。"

说到这里，绿萼瞧见她家小娘子眼中，有了许久以前消失掉的坚韧。也许，小娘子是在鲍郎君的身上，看到了从前不屈不挠的自己。

这，或许就是她要资助鲍仁赶考的原因吧？

绿萼的疑问，自然是没有答案的。

苏小娘子接着说："姨母也莫要担心。如今儿虽有些时日已不曾为家中赚取收益，但尚有些奇珍异宝，维持家用，今后自是不必忧心的。倘若儿有朝一日不在人世，也为姨母与绿萼，留了后路……"

"小娘子莫要胡说……"

贾姨母忧心之事被说了出来,面上自然有些不太挂得住,便没再多说什么。

七日以后,那位原被冻得昏死过去的穷书生鲍仁,揣着用苏小娘子珠宝首饰换来的盘缠,骑了一匹青骢马,往京城行去。临行之前,向他的恩人苏小娘子行了君子之礼。他是将苏小娘子视为儿郎来敬重的。

但绿萼觉得,他似乎还有什么话藏在心里,想说,却又不敢说。

5. 一缕香魂

翻过年,就不再那么冻了。

杨柳吐了新绿,清风送来了暖意。

许是经历了酷寒,所以今年的春花格外烂漫,钱唐城里的每一处,乃至犄角旮旯里,都盈着莫名的幽香,就连西湖里的水,也流淌着清甜。

真是个万物复苏、欣欣向荣的好时光。

可就在这桃花盛放、争芳斗妍,女郎们千娇百媚、如花似锦的好时光里,绿萼家的小娘子,却莫名其妙地感染了风寒。

原以为这只是个寻常的病症,不承想这一病,便未能再次起来。

遍寻良医，药石无效。在某一个春日午后的骄阳下，西湖畔的一朵娇花，毫不留恋地凋零而去。

临行之前，贾姨母问她家小娘子："可还有什么未了之事？"

小娘子淡然一笑，缓缓说道："儿此生寄情山水，山水也不曾负儿。儿别无所求，只愿埋骨于西泠，守望山水，不负深情。"

话音刚落，一缕春风抚过，带走了小娘子的香魂。

贾姨母哭得昏死了过去。

绿萼深知，贾姨母的心中有愧。当年，她劝说小娘子寻个好人家嫁了，小娘子却爱西湖山水，非要迁居于此。贾姨母向来由着她，便没有再多规劝。如今小娘子在桃李年华便香消玉殒，贾姨母自然悔恨万分，自责难免。

外间的人听闻小娘子的遗愿，是埋骨西泠，道是她未能忘记建康城里的负心郎阮郁，所以要在西泠桥畔的松柏之下，继续苦等阮郎归来。

绿萼却认为，她家小娘子此举，不过是因为飘零了一世，终于寻到了归宿。虽说一生坎坷，错付芳心，可却也是死得其所。到底，她家小娘子有别于其他的女郎，毕生自由自在，若山水之精灵般，存在于这俗不可耐的人世之间，仙去了，自然香魂也就归于了山水之间。

但当小娘子的出殡之日，绿萼瞧着眼前这位身着绯色官服，扶着小娘子的棺木，哭到肝肠寸断的郎君时，她的心中猛然抽痛，万般遗憾，也涌入了眼眶。

原先以为，世间儿郎皆如阮郁般薄情。

谁料，竟还有品性高洁、言而有信的正人君子鲍仁呢！

倘若她家小娘子能再多坚持些许时日，便可瞧见她由衷欣赏的穷书生鲍仁，不负所望地考取了功名，身着绯袍，官居四品，出任滑州刺史，敲锣打鼓地前来探望。

兴许，这两人还能将先前未能说出口的话，尽情倾诉；又兴许，这两人还能有两情相悦、执子之手的白头之约。

可这一切的假设，都在这个春日里戛然而止。

人世间，本就有万般劫难，谁又能奈何得了它？

6. 隔世知己

暮去朝来，日月如梭。

许多年以后……

在钱塘西泠，有一座小巧精致的香冢，总能招致诸方才子，前来吊唁。

这座香冢，并不华丽，娴娴静静地安然伫立。若非说它有什么特别之处，便是在这香冢之上，还有一顶六角攒尖亭，被唤作"慕才亭"。

也不知这一年，到底是哪年。

慕才亭苏小小墓

　　香冢之前,来了几位游赏西湖的客人。其中一位,许是本地的郎君,他毕恭毕敬地朝着香冢一揖,便转身向同行的友人说起了香冢主人的故事。

　　"她可是流芳百世的才女,虽沦落风尘,却品性高洁,傲骨铮铮;明明是个娇小玲珑的柔弱女子,却颇有侠义之气。当年她遇见落魄文人鲍仁,并不视若无睹,拒人千里,反倒慷慨解囊,送鲍仁上京赴考。那鲍仁也是个饱学之士,不负所望,考取了功名,出任滑州刺史。本想着赴任之前前来报喜,哪料恩人身体羸弱,竟已咯血而逝。"

　　众人闻言,不禁唏嘘不已。

　　"话说这位鲍郎君,也是个知恩图报的真君子,不仅扶棺痛哭,还为恩人修墓建亭,题碑赋诗。"说着,他回望了一眼,"因此,才有了此处。"

众人皆点头赞许。

"因这位女郎的侠义之举,后世万千文人墨客便将之引为知己。世人皆知她写有'妾乘油壁车,郎跨青骢马。何处结同心?西陵松柏下'这般敢爱敢恨的诗句,却少有人知,她还曾凛然写过'梅花虽傲骨,怎敢敌春寒。若更分红白,还须青眼看'这般叫人由衷钦佩的诗句,所以……"

这游人当中,有一位身着青衫、眉目清朗的郎君,听闻此言,眉毛不禁一拧。

他方才便已瞧见,在这六角亭之畔,正好有一株绿萼梅。

这株绿萼梅枝丫纵横,难掩苍老之势。它应当是伴着这座香冢,冬温夏清,时移世异,许多年岁了。

那本地的郎君还在说着香冢主人的往事,说她年少失去双亲,说她本是佳人,却错付芳心,爱错了人……

青衫男子默默听着,凝视着墓冢与碑文。待友人终于将香冢主人的故事说完,他转身嘱咐随行的书童奉上笔墨。

友人见状,莫不笑说:"想来,是苏小小的佳人魅力,才叫寡言了一路的温郎诗兴大起呀!"

说归说,笑归笑,却还是毕恭毕敬地围在一旁,瞧着他濡墨挥毫。

但见他写道:

买莲莫破券，买酒莫解金。
酒里春容抱离恨，水中莲子怀芳心。
吴宫女儿腰似束，家在钱唐小江曲。
一自檀郎逐便风，门前春水年年绿。

写完，他朝着墓冢深深一揖，然后转身离去。

待他走远，同行的友人窃窃私语。

一说："温庭筠屡考不第，入幕又处处碰壁，他缺的，正是苏小小这样愿与他知心知意的佳人啊。"

又一说："可叹两人相隔三百余年，何来知音知己？"

说罢，两人相视摇头，暗暗叹息，也快步向前，想要追上温庭筠的脚步。

那墓旁上了年纪的绿萼梅，仿佛听懂了他们的对话，竟然也簌簌抖动，宛如叹息。

参考文献

1. 丁福林：《钩深索隐、曲写毫芥到情灵摇荡、流连哀思——论南朝诗风之流变》，《镇江师专学报（社会科学版）》1993年第4期。

2. 丁福林：《〈南齐书·文学传论〉对文坛三派的评价》（《辽宁大学学报（哲学社会科学版）》1996年第3期。

3. 刘学文：《同一旋律下穿越时空的"弃妇"悲歌——读李贺〈苏小小墓〉与李金发〈弃妇〉有感》，《现代语文（文学研究）》2010年第5期。

4. 童占芳：《唐诗中的苏小小形象研究——以李贺〈苏小小墓〉为中心》，《青海师范大学学报（哲学社会科学版）》2011年第4期。

第二章

万斛闲愁何日尽——北宋周韶

【人物档案】

姓名：周韶

年代：宋代

职业：官伎

出生日期：不详

去世日期：不详

代表作：《白鹦鹉》

1. 母亲遗愿

那是一个雨夜。

久病卧床的母亲，双眼含泪地盯着周韶瞧了许久，缓缓地说："韶儿，是娘害苦了你……"

"娘，孩儿不苦……"

"哪能不苦啊……倘若不是因为家道中落，你父早亡，韶儿又怎会沦落风尘……倘若没有沦落风尘，韶儿如今也该嫁为人妇，膝下也当儿女成群了。都怪为娘无能，养不活孩子们，所以才苦了我家韶儿，小小年纪，就要入乐籍取悦他人……"

"娘，您快别说了，您该是累了，还是歇会儿吧。"

"娘不能歇，有些话不说，就怕再没机会了。"

"娘……"

"韶儿，去求点门路，脱籍嫁人吧。你的弟弟们，都已长大成人，不需你再照顾。待你脱籍之后，也寻个寻常好人家，安稳生活吧。啊？"

看着母亲殷切的目光，周韶重重地点了点头。

母亲心中似乎得到了安慰，托着女儿的手，一遍又一遍地摩挲着。仿佛只有这样，她内心的愧疚方能释怀。

周韶何尝不想脱籍呢？身为官伎实乃生活所迫，绝非她真实意愿。早年家中贫寒，生活难以为继。周韶懂些才艺，唱歌跳舞也都十分不错，便入了乐籍，成了官伎。官府总有些应酬宴席，身为官伎，去唱唱歌，跳跳舞，再陪着官员喝点酒，日子也算是过得去。可是作为官伎想要脱籍，却十分困难。只有两种选择：要么是主官批准，要么是有人花钱赎身。否则，就只能等到年老色衰，才可脱籍。

花钱赎身，显然是行不通的，周韶并未遇到一个肯为自己一掷千金的如意郎君。那么她想要重获自由，便只有求主官放人一条路可走。

前些年，在被誉为茶学专家的蔡襄担任杭州主官之时，周韶为了能够脱籍，学了不少的茶艺与知识，为的便是能取悦蔡襄，求蔡襄通融，放自己脱籍。

可是阴差阳错，斗茶几次的周韶还没能开口向蔡襄求助，蔡襄便因母亲过世而离开了杭州。

周韶再次陷入脱籍无望的愁绪之中。她苦等了一年又一年，一年又一年，兄弟们都已成家立业，母亲也白发苍苍了……而她自己，也是容颜憔悴，年纪愈发大了。

她也期盼有朝一日，能重获自由之身，做回一个普通的妇人。

可是脱籍，实在是太难了，必须有主官的批准方行。

这个雨夜，如若不是母亲再次提起，恐怕就连周韶自己，也要心灰意冷地忘了这件事。

蔡襄离任之后，新来的主官名唤陈襄。陈襄对才色艺俱佳的周韶颇为喜欢，对于她请求脱籍一事，便一直没有应允。

想着母亲的期盼，再想想自己的未来，周韶不禁潸然泪下。

这一晚的雨，下得特别大。大到没有人听见一个柔弱的女人，在自己房间里的哭泣。

第二日，天放晴了，空气清新得像是换了一个世界。

周家人换上了白衣，披上了麻布——昨儿个夜里，周母过世了。

刚刚安葬好母亲，官府便派了人来。新任的亳州知州苏颂路经杭州，杭州主官陈襄要在吴山设官宴款待，邀了杭州通判苏轼作陪。要官伎周韶、龙靓、胡楚等人，出席助兴。

周家兄弟正要说明家中正在置办丧事，周韶恐怕不能出席。

周韶却立马应了来人。

周家兄弟正要责怪姐姐不孝，却未料到，姐姐扑通跪在母亲牌位跟前，哭着说："这定然是母亲给韶儿安排的机会吧……"

香烛无言，烛火飘忽。但周韶明白，脱籍机会，此次最佳。

2. 雪衣女

此次宴会当中，有一人，尤其慈悲。

他是当今杭州通判，苏轼。

苏轼是鼎鼎有名的大文豪，他有才，也爱才，更懂得怜香惜玉。他曾写过一首《薄命佳人》，表达对身处风尘的柔弱女子的感慨同情：

> 双颊凝酥发抹漆，眼光入帘珠的皪。
> 故将白练作仙衣，不许红膏污天质。
> 吴音娇软带儿痴，无限闲愁总未知。
> 自古佳人多命薄，闭门春尽杨花落。

关于苏轼怜香惜玉、同情风尘女子的事迹，还有一个传说。传说曾有一名官伎，人称"九尾野狐"。这个九尾野狐年纪也许是有些大了，想要请求苏轼批准脱籍。苏轼瞧她可怜，便同意了。还留下了一个判词："五日京兆，判断自由；九尾野狐，从良任便。"

当然，这只是坊间的传说。虽不知真假，但苏轼爱才心善，却是人人皆知的。

周韶觉得，也许这次赴宴，正是脱籍的大好机会。

即便是陈襄与苏轼不同意她脱籍，可还有苏颂在场。苏颂不仅为官一方，还是当朝了不起的博学大家，他精通天文、机械、药理，在朝中也是德高望重，还是杭州主官陈襄的福建老乡。

兴许，当着苏颂与苏轼的面求陈襄允自己脱籍，陈襄会碍于情面，不得不同意。

几日后，在柳絮飞扬的曼妙春光中，杭州主官陈襄携通判苏轼，在吴山设官宴款待途经杭州前往亳州赴任的同仁苏颂。

官伎们唱歌跳舞，斟茶倒酒，无不尽力。

宴席之上，宾主相谈愉悦，无不尽欢。

酒至兴头上，苏颂抬头扫了一眼雅室的粉壁，忽被那粉壁之上所题之诗吸引了注意力。

他站起身来，行至粉壁前。

正在弹琴的周韶见了，手指不禁一抖，漏了一个音。

那是几首诗，为首写的是：

> 绰约新娇生眼底，侵寻旧事上眉尖。
> 问君别后愁多少，得似春潮夜夜添。

苏颂读来，还未询问，便听苏轼说道："此乃君谟所书。"

苏颂颇为赞许："君谟不仅擅茶，在诗词歌赋方面，也颇有造诣。"

这个君谟，便是前任杭州主官蔡襄的字。

苏颂再往后看，还有一首字迹清丽雅致的诗：

长垂玉箸残妆脸，肯为金钗露指尖。
万斛闲愁何日尽，一分真态更难添。

他轻轻读罢，只觉余味悠长，便好奇问道："不知这一首，又是何人所作啊？"

陈襄与苏轼面面相觑，两人都不知道这首诗究竟是何人所作。

直到身后传来一个女子的声音："回禀大人，此乃小女子拙作。"

陈襄回身看去，见是周韶，心中已是了然。周韶当年想要脱籍，与蔡襄斗茶多次，想必这墙上之诗，便是当时留下的。可是官伎脱籍，哪是那么简单的事。倘若每个官伎都仗着与主官斗茶相熟便求脱籍，岂不是要乱了套？

苏轼也认得周韶。周韶与蔡襄斗茶的故事，在杭州可是相当有名的。

苏颂见此诗竟然出自一个娇俏姑娘之手，不禁笑问："姑娘小小年纪，何来万斛闲愁？"

周韶知道机会难得，连忙跪地，哭着说道："此乃小女子与蔡大人斗茶所题。当日小女子原是想胜了蔡大人之后，便求蔡大人放小女子脱籍，重获自由，奈何……"

絮絮叨叨，哭哭啼啼，总算是将这前因后果，说了个清楚明白。

在座的三位大人面面相觑，都感到颇有些尴尬。这等陈年往事，还牵扯到了前任主官，搁谁手上，都不好了断。

正当三人为难之际，突然听得窗外传来一个嘤嘤怪语："求大人做主，求大人做主！"

众人循声看去，只见在那窗外，架着一只羽毛洁白胜雪的鹦鹉。那白鹦鹉调皮，正嘤嘤学着周韶的哭腔呢。

苏颂不禁心生一计，对陈襄与苏轼说道："瞧那壁上小诗，想来姑娘也是满腹诗才。她一心只求自由，二位大人不妨也给她一次机会，倘若她能以才得胜，二位大人便成全她。如何？"

陈襄与苏轼自然要卖苏颂这个面子。

苏颂于是指着那只白鹦鹉对周韶说："姑娘不妨以这鹦鹉作诗一首，以证诗才，如何？"

周韶忙向三位大人施礼作谢，然后瞧着鹦鹉片刻，便执了笔墨题诗：

陇上巢空岁月惊，忍看回首自梳翎。
开笼若放雪衣女，长念观音般若经。

苏颂瞧了瞧诗，又瞧了瞧白鹦鹉，再瞧了瞧身着白

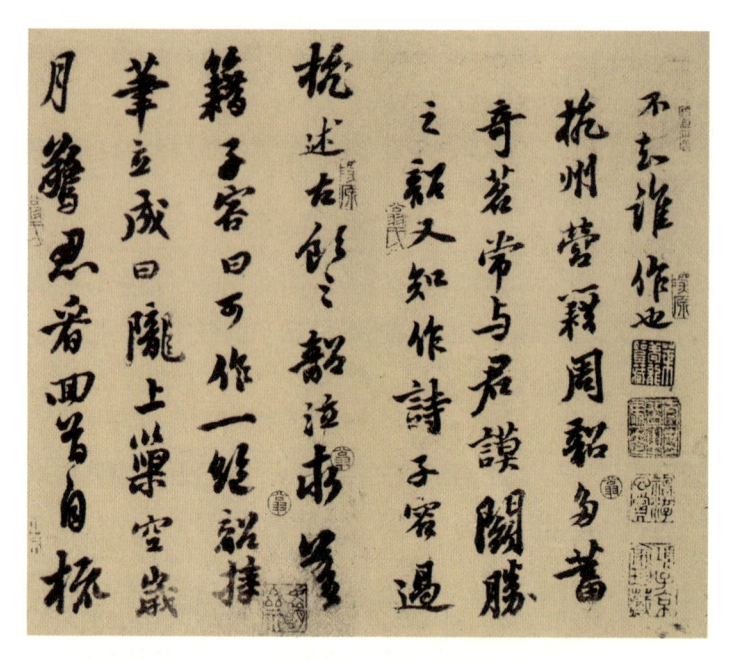

〔宋〕苏轼《天际乌云帖》（局部）

衣的周韶，不禁赞道："妙啊，一首诗，寥寥数句，却是寓意重重。"

苏轼瞥见周韶发髻藏有一朵白色的珠花，心中有疑，于是问道："姑娘为何身着白衣，髻插白色珠花？"

周韶垂泪："家母病逝，小女子尚在居丧之期……"

苏颂、苏轼与陈襄三人不禁心生怜悯。身为官伎，只要官府有召唤，就必须服从安排，不得违抗命令，哪怕是在居丧期间，也要笑脸相迎。所以，周韶索性借白鹦鹉来比喻自己的可悲境遇，盼能得善人慈悲之心，开笼放鸟，那么她将在庵堂青灯之下，为那善人念佛诵经。

瞧着周韶泪眼盈盈的模样，陈襄动了恻隐之心，当即决定，放周韶脱籍。

3. 记得金笼放雪衣

周韶脱籍之后，同为歌伎的好友胡楚和龙靓，都有诗相赠。

胡楚写道：

> 淡妆轻素鹤翎红，移入朱栏便不同。
> 应笑西园旧桃李，强匀颜色待东风。

龙靓写道：

> 桃花流水本无尘，一落人间几度春。
> 解佩暂酬交甫意，濯缨还作武陵人。

至于陈襄，他原本非常喜欢周韶。因为一时怜悯心起，放了周韶脱籍，事后也曾感到后悔。

苏轼在第二年，还曾写《常润道中有怀钱塘寄述古》一诗，对其进行劝慰：

> 草长江南莺乱飞，年来事事与心违。
> 花开后院还空落，燕入华堂怪未归。
> 世上功名何日是，樽前点检几人非。
> 去年柳絮飞时节，记得金笼放雪衣。

至于周韶，脱籍之后何去何从，史料与传说当中，都再无记载。在可查的记载当中，对于这个聪慧的、敢于与命运抗争的女子，也不过只有寥寥数笔。

参考文献

1. 姜青青：《蔡襄的"最后一战"》，《杭州茶趣》，杭州出版社，2016年。
2. 苏轼：《天际乌云帖》。
3. 赵令畤：《侯鲭录》。

第三章 多少蓬莱旧事——北宋琴操

【人物档案】

姓名：琴操

年代：北宋

出生时间：1073 年

去世时间：1098 年

籍贯：钱塘

特长：诗词歌赋

职业：歌伎

代表作：《卜算子·欲整别离情》

点评：琴操原本是个官家小姐，但因父亲仕途受难，以致家道中落，结果被判入了妓籍，做了一名卖艺不卖身的歌伎。她才思敏捷，聪慧过人，对于参禅悟道十分了得，是个颇有慧根的姑娘。后来，因为苏东坡的点拨，琴操在杭州玲珑山削发为尼。公元 1097 年，琴操从故友、诗僧参寥处，得知苏东坡被贬到了海南儋州。大约是以为苏东坡归期无望了，当然，也有可能是因为别的缘故，琴操最终投了西湖自尽。

但还有一种说法，讲她郁郁寡欢，以至于生了病，最后在玲珑山中香消玉殒。

相关古迹：杭州玲珑山琴操墓、卧龙古寺

1. 佳人仙去

这是公元 1099 年的春天。

此时,被赵煦视为仇敌的苏东坡,已经被贬至版图上最边远荒凉的地区儋州,在"食无肉、病无药、居无室,出无友,冬无炭,夏无寒泉""尽卖酒器,以供衣食",搭建草舍茅庵"桄榔庵",抄书耕种,自给自足的生活当中,苦苦煎熬,快两年了。

在这个蛮荒之地,天下闻名的大学士苏东坡,与他的第三子苏过相依为命。父子俩的生活虽然过得辛苦,却极为懂得苦中作乐,不仅造了松节酒,还造了松烟墨,竟然将流放的生活,过得颇像一首勉为其难的诗。

那一日,苏过抄完一本《唐书》,便献给了父亲。

得了父亲赞许,苏过又许诺说:"父亲,儿子前几日还借得了一本《前汉》,明日儿子便抄了它。"

"如此甚好,如此甚好。"

苏东坡颇为得意，立即挥毫落纸，修书向内地的友人炫耀："儿子到此，抄得《唐书》一部，又借得《前汉》欲抄。若了此二书，便是穷儿暴富也。"

哪里晓得，这份书信换来的回函，却是一个惊天噩耗："琴操姑娘已于去年冬月里，病逝于杭州玲珑山。"

轻飘飘的一纸书函，躺在粗糙不平的书桌上，若不去瞧它，便不知它的沉重。

须发皆白、身材微微有些佝偻的老人，静静地坐在这间简陋书房的角落里，盯着夹杂着草根的墙壁，一言不发。

到了酉时末，天色已暗了下来，老人也静坐了两个时辰。

苏过知道父亲心中哀伤，便没有前去打扰他。但他又很担心父亲因为哀伤过度而伤了身体。于是，只好当作什么事也没有发生，如往常一般，端了食盘来到书房，说道："父亲，您该用膳了，儿子今日煮了玉糁羹……"

这"玉糁羹"的名字虽然好听，实际上却是山芋泥罢了。

彼时的儋州乃是穷乡僻壤，蛮荒之地。百姓们一日三餐，主食是贱好长的山芋。

苏东坡的三儿子苏过陪伴父亲流放，为了照顾好父亲的生活，苦练厨艺。山芋虽然普通，但倘若做法不同，味道自然也是不同的。作为美食家苏东坡的儿子，苏过当然深谙此道。他于是将山芋剁成了泥，用水熬制成粥，以便年迈的父亲食用。

苏东坡也曾引以为傲，还写过《过子忽出新意以山芋作玉糁羹色香味皆奇绝天上酥酏则不可知人间决无此味也》的诗句赞扬苏过：

香似龙涎仍酽白，味如牛乳更全清。
莫将南海金齑脍，轻比东坡玉糁羹。

可是今日，他却怎么也吃不下。

抬眼看了看与琴操年龄相仿的儿子，苏东坡叹了口气，哀伤地说："是我害了她呀……"

苏过没有说话，只将玉糁羹轻轻放下，便又退出门去。

兴许是关门的震动，抑或是窗外的风，蒲草编织的窗帘仿佛有被什么，轻轻地撩动了一下。

往事陡然在苏东坡的脑海中浮现。

他掩面垂泪，时光回溯，到了十年之前。

2. 惊鸿一瞥

那是公元 1089 年，宋朝元祐四年。

官拜龙图阁学士的苏东坡，带着满肚子的"不合时宜"，无心在汴京的政治旋涡中继续浮沉，主动向皇帝申请，想要调任杭州。

当时，对老师还很友好的北宋哲宗皇帝赵煦，在送老师赴任之前，还十分大方地赐送了他上好的茶叶、银盒、白马、镀金的鞍鞯以及金腰带等物品，让老师安安心心、踏踏实实地赴任。

这是苏东坡第二次赴任杭州。距离他上一次到杭州任职，已经过了十多年。

往事不要再提，现在的他，只想快点结束这场突如其来的旱灾。

第二次赴任杭州的苏东坡，遇到了百年不遇的旱灾。原是鱼米之乡的杭州，竟然因为旱灾而陷入了饥荒之中。米价从六十文一斗，转瞬之间，就涨到了九十五文一斗。

灾难总是接踵而至。很快，因为旱灾的持续，杭州又暴发了瘟疫。

一时之间，苏东坡既要忙于治理旱灾，又要忙于防疫抗疫，终日焦头烂额。

对于西湖美景，他早已无暇顾及。

这种情况一直持续到那一年的十月，一场大雨缓解了旱灾，瘟疫也因此得到了控制。

等到了第二年，也就是1090年的晚春初夏，杭州才终于恢复了闲适静雅。

苏东坡也有了闲情逸致，重游西湖。

三月里的某日，云霞漫天，风和日丽，西湖水碧波荡漾，两岸花香馥郁，是携伴出游的大好时光。

〔清〕刘度《山水册·西湖春晓》

至交好友佛印从丹阳（今江苏镇江）金山寺来到杭州，苏东坡便约上几个好朋友，陪同佛印泛舟西湖，欣赏美景。

彼时的西湖之上，停留着许多画舫。每个画舫都载满了人，有春游的，有踏青的，有唱歌的，有跳舞的，一个个都好不精彩。

这是降伏了瘟疫之后的一派和乐景象。

苏东坡与佛印坐在船头，正怡然地下着棋。

突然，听见隔壁的画舫上，一妙龄女子略显焦灼地同另一名女子说道："阿紫，你可知你唱错了，这句应该是'谯门'，可不是什么'斜阳'呢。"

谁料那名唤作"阿紫"的女孩却不肯认错，还顽固不化地说道:"凭什么你说错了,就是错了?我偏要唱作'斜阳',你能把我怎么样呢?只晓得说人家唱得不好,哼,你能改韵吗?"

"你这个人,怎么这样不可理喻。"

两个年轻小姑娘,竟然因为一句词,争执起来了。

距离她们画舫不太远的苏东坡,听得云里雾里,心生好奇,便向一旁伺候的厮儿问道:"隔壁是哪家的画舫?"

厮儿回道:"回禀大学士,是杭州歌唱院的。"

佛印闻言,一笑:"杭州歌唱院的两个小姑娘,怎么会为了一句词不对付,就争执起来呢?"

厮儿又道:"大师有所不知,是方才那位穿紫色衣服的姑娘唱少游先生的《满庭芳》,唱错了词语。"

"噢?"

"少游先生的原文是:'山抹微云,天连衰草,画角声断谯门。暂停征棹,聊共引离尊。多少蓬莱旧事,空回首、烟霭纷纷。斜阳外,寒鸦万点,流水绕孤村。　销魂。当此际,香囊暗解,罗带轻分。漫赢得、青楼薄幸名存。此去何时见也?襟袖上、空惹啼痕。伤情处,高城望断,灯火已黄昏。'但方才那位紫衫的姑娘,把'画角声断谯门'唱成了'画角声断斜阳'。"说到这里,厮儿笑了笑,"其实即便是画舫里的姑娘把词语唱错了,也不会有人在意的,毕竟都是听曲儿取乐来的,谁会在意这么多呢。"

"那方才为何又有这般争执？"

厮儿苦笑："当然是穿白衫子的那位姑娘觉得不妥，偏要纠正穿紫衫子的姑娘说唱错啦，你得改。但人都有颜面不是，紫衫姑娘觉得失了颜面，所以反过来要那位穿白衫子的姑娘改一改韵。嗨，少游先生的诗词已是上乘佳作，如何还能再改韵啊。况且那两位，都不过是十五六岁的小姑娘，又怎么可能会有这般才情？"

他不屑一顾的表情，却是叫苏东坡对那两位姑娘，产生了极其浓厚的好奇心。

他站起身来，往隔壁的画舫看去。

正巧，那穿白衣服的姑娘，竟然叫人送来文房四宝。

只见她微微沉吟片刻，然后提笔写道：

　　山抹微云，天连衰草，画角声断斜阳。暂停征辔，聊共引离觞。多少蓬莱旧侣，频回首、烟霭茫茫。孤村里，寒鸦万点，流水绕低墙。　　魂伤。当此际，轻分罗带，暗解香囊。漫赢得、青楼薄幸名狂。此去何时见也，襟袖上、空有余香。伤心处，长城望断，灯火已昏黄。

她一边写，旁边那位面色不悦的紫衫姑娘还一边跟着念。直等念到底了，紫衫姑娘的脸上竟然浮起了笑容，心服口服地拍手赞道："妙啊！琴操，你果然不愧是杭州歌唱院第一才女，阿紫我，可真是眼见为实，心服口服了。"

苏东坡在距离她们一丈之遥的画舫上听见白衫姑娘所改的整首词，心中暗自有些钦佩。

佛印倒是不吝夸奖，直接说道："这首《满庭芳》是秦少游最杰出的词作之一。那位身着白衣的姑娘，不过是花了片刻工夫，便将词作的文字换了不少，并且在替换之后，也依旧保持着原词的意境风貌。小小年纪，竟然就有如此才情，可实在是了不起。"

苏东坡也是点头。如此稚年却又才情过人的女子，实属少见。

可就在两人为之欣赏之际，那艘载了佳人的画舫却突然向他们靠近，并迅速地撞了上来。

只听见"砰"的一声，苏东坡与佛印还未反应过来，便听见厮儿惊呼："糟了，有人落水了，快来人啊，快救人啊！"

而那闯了祸的舵手早已经迅速地跳下水去，将落水的姑娘救了上来。

可巧，正是那位改了秦少游《满庭芳》的白衣姑娘。

原来是那掌舵的年轻人操作失误，所以才叫相隔不远的两只画舫撞上了。万幸的是，人被捞上来了，除了受了些惊吓，并没有什么大碍。

那落水的姑娘虽然浑身湿透，狼狈不堪，却依旧气质沉稳，得体非凡。但见她接过阿紫递来的衣衫，轻轻地披上；又不慌不忙地整理了一下被湖水弄湿的头发，清润明亮的眼睛扫过围观的人群，微微一福，柔声向周遭的人们说道："感谢诸君关怀，琴操并无大碍。"

如此大方得体，温文有礼，叫那些个围观看热闹的人们，不禁暗自称奇。

"原来，她就是琴操啊……"

苏东坡对于琴操的才名，并非第一次听说。

琴操这个女子，年纪虽小，却身世坎坷。

多嘴的厮儿连忙接过话头："坊间传闻，琴操姑娘原名蔡云英，本是个官宦人家的大家闺秀。哪晓得在她13岁那年，父亲因为朋党牵连，而被打入了大牢。蔡家的家眷啊，也是因此尽底籍没。琴操姑娘呢，因为才色过人，便沦落到了杭州歌唱院，做了一名歌伎。虽说人是沦落在了烟花之地，可这位蔡姑娘呐，却是个卖艺不卖身的主，和一般的烟花女子，还是有很大区别的。"

苏东坡心中又生一奇，再问："琴操此名，是何人为她取的？"

厮儿说道："听说蔡姑娘家里被抄之时，她正在闺阁之中弹琴。抄家的莽夫们哪里懂得怜香惜玉呀，直接破门而入，见到东西就砸，将蔡姑娘那把心爱的琴，也一并摔得稀巴烂。等到蔡姑娘沦落风尘，做了歌伎，她便给自己起了一个'琴操'的艺名。"

苏东坡自然知道，"琴操"二字，原本是东汉文人蔡邕所撰写的一部解说琴曲的著作的名称。蔡姑娘能以这样雅致的名字来做艺名，足见她对琴的钟爱，以及才学的渊博。

苏东坡在心中，对这个小姑娘生出了怜惜之情。

他转身，同厮儿说道："一会儿送拜帖去杭州歌唱院，择日邀请琴操姑娘同游西湖。"

厮儿有些疑惑："择日不如撞日，今日不就正好吗？"

苏东坡摇了摇头："今日琴操姑娘落了水，不可再多耽搁，恐怕感染风寒。"

如此贴心，叫一旁的佛印听见了，不禁啧啧感慨。

苏东坡送了他一记白眼，便回了自己所乘的船舱里去。

3. 两心相知

自打那一日画舫相撞，认识了彼此，苏东坡在杭州的生活，又多了一份雅趣——与佛印、琴操踏古访幽，同游西湖。

三人之间，亦师亦友。

琴操年纪虽小，可天资聪颖，悟性极高，才学也是不凡。

苏东坡非常喜欢和她聊天。很快，他们已经成了无话不谈的忘年之交。

佛印见苏东坡与琴操的关系如此亲密，便开了句玩笑："你二人可真是一日不见，如隔三秋啊！"

琴操与苏轼

苏东坡笑了笑，毕竟知他者，佛印也。

但琴操一听，却有些不好意思了。她又羞又窘，却不知该如何辩解，也想捉弄一下佛印，用以"打击报复"。

见佛印手中握着长篙，每一下都打在水中倒映的身影上，琴操灵机一动，脱口道："和尚撑船，篙打江心罗汉。"

佛印一愣，一时不知如何应对。

倒是一旁的苏东坡替他解了围，说："佳人汲水，绳牵井底观音。"

琴操听了，钦佩不已，拱手作揖："大学士高才。"

佛印有些惭愧，在才学方面，三人行，他还是掉了队。直到他们的船来到"三潭印月"时，佛印往湖面一瞧，瞧见了琴操赏月的身影，这才有了灵感，说道："一个美人映月，人间天上两婵娟。"

琴操听了，莞尔一笑，轻松说道："五百罗汉渡江，岸畔波心千佛子。"

佛印闻言，充满赞许地看向苏东坡。

苏东坡眼中也是满怀欣赏之意。

佛印赞叹道："琴操姑娘不愧是闻名一方的大才女。"

琴操羞涩地躬身福了一福："上师谬赞，琴操惭愧。"

三人夜游西湖之事，后来在坊间流传，歌伎琴操的名气，变得更大了。

在宋人的《泊宅编》当中，还有记载苏东坡在杭州时，与琴操同游西湖的另一个故事。这件事，直接决定了琴操的未来与人生结局。

说的是有一日，苏东坡约了琴操出游，两人在西湖的船中饮酒。当酒喝至微醺之时，苏东坡对琴操说："佛印说你慧根颇深，应当懂得许多佛理。今日，我便来扮作一个老和尚，你来悟道参禅如何？"

琴操欣然应许。

苏东坡瞧了瞧船外的风景，问道："何为湖中之景？"

琴操应道："落霞与孤鹜齐飞，秋水共长天一色。"

这是唐朝诗人王勃所作的《滕王阁序》中的句子，讲的是落霞、孤鹜、秋水和长天四个景象所勾勒描绘的画面，整个场景给人一种宁静而祥和的感受。

苏东坡又问她："什么是景中人？"

琴操慧黠一笑，欣然答道："裙拖六幅湘江水，髻挽巫山一段云。"

这句诗，则是唐代诗人李群玉的《同郑相并歌姬小饮戏赠》（一作《杜丞相惊筵中赠美人》）中的名句。

苏东坡暗自佩服，又问道："那么，什么又是人中景呢？"

琴操迟疑少许，脸上荡漾开一个娇俏的笑容，高声道："随他杨学士，鳖杀鲍参军。"

说到这里，是琴操自诩才情可以堪比杨日严杨学士，可让鲍照鲍参军感到窘迫。杨学士与鲍参军，可都是十分了不起的文学家。

虽然此言有些过于傲娇，可自古文人皆如此，更何况是年少轻狂的琴操呢？

但是苏东坡的下一个问题，却叫琴操无言以对。

苏东坡问："姑娘有了这样的才情，将来又当如何呢？"

琴操显然被他问住了。她抿了抿嘴唇，陷入了沉思。将来会如何，她从前根本就没有思考过。

像她们这样的风尘女子，哪有什么未来可言？人生不就是走一步算一步，得过且过吗？

苏东坡见她陷入沉思，久久不答，于是说道："门前冷落车马稀，老大嫁作商人妇。"

这句，出自白居易的《琵琶行》。意思便是，你作为一名歌伎，虽然才貌双全，可是等到你到了年老色衰的时候，也免不了会像古人诗中所说的那样，最后嫁给商人做了妻子。

商贾在那个时代，身份地位是很低的。所以，毒舌的苏东坡毫不客气地指出了琴操的未来，必然是"晚景凄凉"。

琴操听完之后，脸上的笑容逐渐隐去，隐隐约约还有一些焦虑。

她似乎从苏东坡的口中预见了自己凄凉的未来，不禁悲从中来，掩面而泣。

苏东坡不知该如何安慰，呆立一旁，手足无措。

过了许久，琴操擦干眼泪，脸上终于扬起了释然的笑容。她叹了口气，仿佛已然大彻大悟，站起身来，同苏东坡行了一个礼，浅浅地吟唱道："谢学士，醒黄粱。门前冷落稀车马，世事升沉梦一场。说什么鸾歌凤舞，说什么翠羽明珰，到后来两鬓尽苍苍。只剩得风流孽债，空使我两泪汪汪。我也不愿苦从良，我也不愿乐从良，从今念佛往西方。"

原本苏东坡只是想叫琴操多思考一下未来的出路，却未料到她竟然打算出家为尼。苏东坡感到有些诧异，也想要解释阻拦。

然而琴操去意已决。苏东坡莫可奈何，只好拜托佛印，将琴操送到临安玲珑山的卧龙寺去。

4. 遁入空门

琴操削发为尼的那一天，苏东坡感到十分懊悔。他负手而立，站在西湖岸边，久久没有离去。

佛印陪着苏东坡，站在苏东坡的身后，虽然知道他心中不太好受，却也不知该如何宽慰，只能说道："玲珑山呢，是天目山的余脉，距离临安城倒是不远，她在那里修行倒也无妨，你我二人，也可以时常去探望探望她。"

苏东坡长长地叹了一口气。

彼时的西湖，宛如一块碧玉，静静地置于山水之间。

琴操晚景如何，因为没有文字记载，所以无人知晓。

只知道在许多年以后，后人在玲珑山里，挖出了三个人的石像。这三人，便是苏东坡、佛印与琴操。

据说在琴操了却红尘、长伴青灯黄卷之后，苏东坡与佛印时常会一起到玲珑山探望琴操，听她弹琴，听她讲禅。

但天下无不散之宴席，1091年，苏东坡被召回朝。

此后，琴操再也没有见过他。

根据后世的记载，那是一个草长莺飞的四月，苏东坡接到调令，需要即刻回京。

在离开杭州的那一日，已经做了尼姑的琴操前来为他饯行，一双柔情似水的眸子里，满怀忧伤。

苏东坡心中有愧，不敢多看她的眼睛，便转身策马扬鞭。

哪里晓得，这竟然是两人最后一面。

5. 心上人是哪里人？

在后世的种种传闻当中，有说琴操与苏东坡不过是忘年知己，并非男女之情。

在琴操的心中，还藏了另一个男人。

这个人，也是个鼎鼎有名的大才子。他与苏东坡关系也很密切，是苏东坡的得意门生——秦观，秦少游。

根据历史记载，秦少游仪表堂堂，气宇轩昂，苏东坡觉得他有屈宋之才。虽然后人在戏曲中，塑造了个才华横溢的苏小妹，与秦少游爱情美满，但实际上，历史上真实的秦观，却是一个颇为风流的人。

在他流传下来的400多首诗词里，大概有四分之一，都是与爱情有关的。而这些诗词里的主角，又绝大多数都是青楼女子。

关于琴操与秦观的故事，很少有看到明确的记述，只能寻到一些蛛丝马迹，说琴操心中那人并非苏东坡，而是秦观。又说琴操出家为尼，也是因为秦观的缘故。

再来看看秦观的故事。

秦观有一位正妻，名叫徐文美，是高邮徐姓富豪的长女。

还有一名侍妾，名叫边朝华。

在1094年的时候，秦观被贬为杭州通判。边朝华于是跟着来到杭州，陪伴在秦少游左右。然而没过多久，秦少游再次被贬。这一次，按照规定，秦观不能携带家眷前往。于是，边朝华就留在了杭州，削发为尼。

这一点，与琴操的遭遇，竟然出奇相似。

也许正是因为这个原因，所以后世才会将琴操与秦少游，联想在一起。

可是实际上，关于琴操与秦少游之间的关系，是没有文字记载的。非要让他们俩扯上什么关系，那便是琴操动手改了秦少游的《满庭芳》。

6. 千年之后

沧海桑田，岁月变迁。

1934年的春天，在中国现代文学史上留下了浓墨重彩的郁达夫、林语堂、潘光旦等人，携手同行，游览临安玲珑山。

来到琴操之墓时，却只见到一个长满了荒草的墓冢，以及无尽的零落与荒凉，叫人看了，心中不免有些遗憾。

相传，在琴操过世之后，苏东坡曾经重回玲珑山，为琴操修墓立碑，并且还在此处吟唱了一首《寻春》：

琴操墓

> 东风未肯入东门，走马还寻去岁村。
> 人似秋鸿来有信，事如春梦了无痕。
> 江城白酒三杯酽，野老苍颜一笑温。
> 已约年年为此会，故人不用赋招魂。

然而，在 1934 年的春天，却很难找到与琴操有关的往事记录。更莫说是见到传说中，苏东坡所题写的，琴操的墓碑。

关于琴操的一切，除了一座长满野草的荒冢，什么都没有。

郁达夫寻遍典籍，只发现明代的冯梦祯曾写过一首《琴操墓》：

> 弦索无声湿露华，白云深处冷袈裟。
> 三泉金骨知何地，一夜西风扫落花。

他心中不禁有些失望，愤然写下一首诗：

> 山既玲珑水亦清，东坡曾此访云英。
> 如何八卷临安志，不记琴操一段情。

不知长眠于地下的佳人，是否知晓今人对她的悼念呢？

而她这样一个美好的人，在历史上，是否真的存在过呢？

假如她心中确实是有那么一个人，那究竟是苏东坡，还是秦少游呢？

至于她的死，到底是在玲珑山上郁郁而终，还是因为苏东坡或者秦少游的一贬再贬，以致再见无望，所以，才投了西湖自尽呢？

历史的真相，也只有历史自己才知道。

而那些生活在历史里的人们，他们也永远地活在了传说里。

参考文献

1.高长山：《清切哀伤、诗体古旧的蔡邕的〈琴操〉——兼论汉代琴曲歌辞与乐府诗、五言诗的关系》，《古籍整理研究学刊》2006年第2期。

2.《苏轼——北宋文学的制高点》，载聂作平编著《中国文学大师速读》，成都时代出版社，2005年。

3.林语堂：《苏东坡传》，湖南文艺出版社，2016年。

4.李显根：《苏轼与秦观相知相契探因》，《求索》2010年第11期。

第四章

千生万生只在——北宋王朝云

【佳人档案】

姓名：王朝云

别名：子霞

朝代：北宋

籍贯：钱塘

出生时间：1062 年

去世时间：1096 年

信仰：佛教

芳年：34 岁

配偶：苏轼

埋骨之地：惠州西湖栖禅寺东南

相关诗词：

秦少游作《南歌子》赠王朝云——
霭霭迷春态，溶溶媚晓光。不应容易下巫阳。只恐翰林前世、是襄王。
暂为清歌驻，还因暮雨忙。瞥然飞去断人肠。空使兰台公子、赋高唐。
苏轼代和作《南歌子》——
云鬟裁新绿，霞衣曳晓红。待歌凝立翠筵中。一朵彩云何事、下巫峰。
趁拍鸾飞镜，回身燕飐空。莫翻红袖过帘栊。怕被杨花勾引、嫁东风。
苏轼《悼朝云》——
苗而不秀岂其天，不使童乌与我玄。
驻景恨无千岁药，赠行惟有小乘禅。
伤心一念偿前债，弹指三生断后缘。
归卧竹根无远近，夜灯勤礼塔中仙。

点评：杭州姑娘王朝云，虽然出身寒微，但为人温顺贤惠，情感细腻，敏而好学，与苏轼在文学艺术、佛法和人生方面，都能够保持一致的理解与见地，对苏轼了解甚深，是与苏轼知心知意、同甘共苦、生死相随的人生伴侣。

相关景区：杭州西湖、惠州西湖

1. 风起云涌

熙宁三年（1070），时任宋朝宰相的王安石为了发展生产，富国强兵，并最大力度地去挽救大宋朝的政治危机，因此制定出了围绕"理财""整军"而开展的"青苗法""募役法""方田均税法""均输法""保甲法""置将法"等多项改革措施。这一改革运动，在历史上被称为"熙宁变法"。

然而，王安石在推行新法的过程当中，遇到了种种困难，当然也因为新法挑战了利益集团的利益，所以矛盾不断。有矛盾的地方，就有冲突。王安石因此与以司马光为代表的顽固派，展开了长期而激烈的斗争。

彼时35岁的苏轼，作为年轻人，原本是王安石阵营的，他很支持变法。但是后来，迫于某些原因，他动摇了，转变了阵营，还劝说王安石不要做"逆人情之事"，要"使圣人之道焕然复明于世"。

王安石很生气，从此与苏轼关系破裂，并由于政见不合，而唆使御史谢景温在宋神宗面前打小报告，数落苏轼的种种不是。

苏轼本就是一个纵横恣肆、豪健旷达的人。遇到这种情况，他毫不恋战，首先想到的就是撤退。

所以，为了告别朝中的党派之争，苏轼向皇帝主动申请，要出京任职。

皇帝欣然应允。

北宋神宗赵顼熙宁四年，也就是公元1071年，苏轼携家带口来到杭州，担任通判一职。

2. 小婢子

这是苏轼第一次到杭州来。

初到杭州，又担任"副市长"一职，正值壮年的苏轼，拿出了十足的干劲，投入到工作当中去。

彼时的杭州西湖，由于疏于管理，以致杂草丛生，淤泥阻塞面积已有十分之三。

白白糟蹋了如此曼妙的风光，这叫苏轼痛心疾首。

当时的京杭大运河与钱塘江交汇。钱塘江的水质比较复杂，带了不少淤泥进来，所以杭州城内的运河淤泥汇聚，每隔四五年就要组织百姓清理挖掘；否则就会造成河床升高，影响船运。

然而这些淤泥实在太多，被挖出来之后无处可去，不知道如何处理，往往是堆在居民的家门口，搞得老百姓的居住环境十分恶劣。

苏轼见状，燃起斗志，他沉迷工作，誓要打造一个人间天堂。

而家中的大小事务，就落在了夫人王闰之的身上。

事情一多，自然就需要帮手。

那个十岁出头，清秀乖巧的小姑娘，是哪日入府的，苏轼实在是记不清楚了。

只晓得某一日下班回家，他进门叫了一声"夫人"，便大步行至书房，准备继续办公。

可屁股刚刚落在凳子上，就来了个小丫头，手中捧着一条浸了水的毛巾，小心翼翼地奉到他的跟前，怯生生地说："请主人擦脸。"

苏轼接过了毛巾，一边擦脸，一边又有些疑惑，漫不经心问道："你是何人？因何在此啊？"

小丫头低着头，怯怯地说："奴婢姓王名朝云，本是钱塘贫家女，是主母怜悯奴婢，带奴婢回来，让奴婢伺候主人。"

苏轼将毛巾递还给她。

小姑娘抬头，方才眼角的余光令她生出了好奇，她就想偷偷看一眼她家主人的书案上，究竟摆了一本什么书。

可偏就是这一眼，却被苏轼给瞧见了。

偷看被发现，小姑娘心跳漏了一拍，惊慌失措地低下头去，以致手中的毛巾也没能拿个稳妥，竟然掉落在地板上。

她慌忙趴在地上拾捡，像只不知所措的小兔子。

王闰之一进门，便瞧见这一地慌乱的样子。

小丫头连忙向她行了个礼，唤了声"主母"就退了出去。

书房之内再没旁人，王闰之敛了衣袖，为丈夫研墨。

苏轼铺纸，问妻子："夫人几时买的婢子？"

王闰之柔声说道："昨日行至钱塘，恰逢一个歌舞班子在巷子里搜寻贫苦人家的女子。一时间，母女分别，哭得撕心裂肺，叫我听了于心不忍。当时，那王家父母硬要把女儿卖给歌舞班子。小丫头哭着不愿意去，刚一瞧见我，就往我脚下跪，求我帮帮她。我瞧着这丫头机警灵敏，也是个聪明的丫头，便想着要不买下她来，帮衬着我一些。"

苏轼明白了前因后果，便微微一笑："夫人高兴就好。方才我瞧那婢子，对书本颇有些喜欢，想来也有求学之心，不是个愚笨的丫头。"

"是挺灵的一个孩子。"王闰之放下墨来，又替丈夫敛了敛袖子，接着说，"所以，我已经嘱咐过教导迈儿的先生了，让他一并也教一教朝云这个丫头识识字。

朝云与迈儿年岁相仿,但看着又委实可怜些。"

苏轼听她这么一说,微微一笑,赞许地瞧了王闰之一眼,钦佩地说:"夫人真是菩萨心肠!"

在后世的传说里,关于王朝云究竟是一名歌伎,还是一名乞儿,有着不同的说法。但苏轼的第二任妻子王闰之胸襟开阔,对王朝云的包容与照顾却是有目共睹的。因为王闰之的包容与教导,王朝云在苏家的处境并不艰难。也因为王闰之与王朝云的支持与辅佐,苏轼颠沛流离的一生,才有了许多后人所见到的那般诗意与乐观。

3. 同舟共济

关于苏轼的命运,自古以来,但凡了解的人,都会无限唏嘘。

因为命运赋予苏轼的,除了惊人的才华之外,还有超乎寻常的坎坷际遇。

他命运的一个转折点,发生在1079年。当时苏轼调任湖州知州,他觉得很满足,于是就写了一封感谢信给皇帝。

可在这封信里头,苏轼就多嘴了那么一句:"陛下知其愚不适时,难以追陪新进;察其老不生事,或能牧养小民。"

原本好好的一个履职报告,却因为这句话而捅了马蜂窝,当即就得罪了宋神宗以及新派人物。他们非常敏感地认为苏轼在阴阳怪气地攻击朝廷,反对新法。

〔清〕王素《朝云小像》

　　七月，负责监察百官的御史台官员李定、何正臣等人，连续上表弹劾苏轼。七月二十八日，苏轼被捕；八月十八日，苏轼被送进御史台的监狱。十二月二十八日，在太皇太后、王安石等人的力保之下，苏轼才免于一死，被贬为"检校尚书水部员外郎黄州团练副使"。

　　这里颇为神奇的是，他的政治对手王安石，并不想要他的性命。

　　但团练副使是个八品小官，俸禄十分微薄，苏轼的生活也因此变得非常窘迫。

　　公元1080年，大年初一。天寒地冻，大雪纷飞。

　　在这个万家团圆之日，苏轼与长子苏迈，在犹如刮骨刀般凌厉的寒风之中，被御史台的差人押着，往黄州出发。

这一去路途遥远，他们走了很久。直到二月初一，父子俩才终于抵达黄州。

因为是戴罪之身，所以地方政府按照规定，没有给他们安排官舍居住。父子俩风餐露宿，没有办法，便只好借住在山间的一座小破庙里。

这个小破庙，也就是后来的"定惠院"。

人在处于逆境之时，最能认清现实。

苏轼也毫不例外。

曾经恣意不羁的他，被贬到黄州之后，也经历了寻常人在逆境里都会遇见的难堪与尴尬。也许是因为政治立场不同，也许是害怕受到牵连，许多过去的朋友都与他划清了界限，苏轼第一次深刻地体会到了什么是孤独。

那一首大名鼎鼎的《卜算子》，便是在这个时候创作的：

> 缺月挂疏桐，漏断人初静。谁见幽人独往来，缥缈孤鸿影。　惊起却回头，有恨无人省。拣尽寒枝不肯栖，寂寞沙洲冷。

没过多久，他的第二任妻子王闰之，带着婢女王朝云，以及孩子们，千里迢迢地奔赴黄州，与苏轼和长子苏迈团聚。

然而小小的破庙难以容下这么大一家人。苏轼没有办法，便只好带着妻儿来到长江边上的一处废弃驿站住下。这座驿站名叫"临皋亭"，除了可以遮风挡雨之外，这个家里并没有什么多余的东西，他们的生活条件非常贫苦，以致苏轼后来在《寒食雨二首》里写道：

小屋如渔舟，蒙蒙水云里。
空庖煮寒菜，破灶烧湿苇。

彼时，是苏轼的人生转折点，低谷期，是颓废而消极的。

但是彼时的王朝云，才刚过 18 岁，正值锦瑟年华，风华正茂。她应该也是长得极美的，否则也不会引得秦观为她写诗：

霭霭迷春态，溶溶媚晓光。不应容易下巫阳。只恐翰林前世、是襄王。　暂为清歌驻，还因暮雨忙。瞥然飞去断人肠。空使兰台公子、赋高唐。

秦观将王朝云比作了巫山神女，将苏轼比作了楚襄王，在他的心中，苏轼与王朝云是绝顶般配的神仙眷侣。

也就是在黄州，锦瑟年华的王朝云，从夫人王闰之的侍婢，最终成了落魄罪官苏轼的侍妾。

当时的他们，居住在秋风秋雨般萧瑟的"临皋亭"，窗外下着小雨，呼呼的风吹得茅草屋顶岌岌可危。

苏轼忧心忡忡地看了看屋顶，再三确定之后，这才回到屋内，同家人吃过晚饭，欲言又止。

王闰之见丈夫如此沮丧的模样，心知当是遇到了棘手的问题，怕被孩子们听见，便嘱咐大儿子苏迈，带着弟弟们去睡。

简陋的书房里，只剩下三个人。

苏东坡将兜里的月俸摆在桌上。也不过就是四千五百钱。摆在桌上，看起来微不足道。

王朝云见状，连忙替主人与主母点了油灯，便要退下。

苏轼却吩咐道："朝云，去捡三十根稻草来。"

王朝云看了一眼苏轼正在拨弄的铜钱，迅速去了厨房。

王闰之感到十分困惑："官人让朝云拿稻草做什么呢？"

苏轼却故弄玄虚一笑："夫人你猜。"

王闰之不解其意。

片刻，王朝云拿了三十根十分结实的稻草回来，置于书案之上，柔声说道："主人与主母都歇息去吧，这里交给朝云就好。三十天，每天一百五十文，朝云串好了就给挂到屋梁上去。"

苏轼有些诧异，抬眼看着她，不解问道："你怎知我要做什么？"

王朝云纯真无邪还带有一丝稚气的脸上，扬起一个笑容。她说："难道主人不是想将这四千五百钱分为三十份，给挂到屋梁上吗？"

王闰之也是不解："朝云丫头，你是如何理解主人意思的？"

王朝云说："一个月有三十天，朝云猜想，主君应该是想将月俸计划着开销，挂上三十份在房梁上：一来，可以控制每天的花销不超过一百五十文；二来呢，倘若是主人想要喝酒或是宴请朋友，便会想起家中钱粮欠缺，不可铺张浪费。"

见她说得绘声绘色，有理有据，王闰之有些错愕，询问似的看向丈夫。

苏轼的表情也有些惊讶，但转瞬之间，却也平复了。王朝云的反应，似乎也在他的意料之中。

他笑着对王闰之说："知我者，朝云也。"

然后嘱咐王朝云去休息。

那身姿曼妙的年轻姑娘退下之后，苏轼兴致勃勃地串着铜钱。

坐在他对面的王闰之静静地看着他许久，然后说："官人，纳了朝云吧。"

苏轼显然被吓到了，手竟然抖了一抖，埋怨地看了一眼妻子，说："家里都穷成什么样子了，还纳什么妾啊。"

"穷或不穷，朝云都不会离开我们的。"

"那就当成家里人，好好待着。"

"官人，她从一个小丫头，已经长成大姑娘了，总不能一辈子做婢女……"

"那回头给她寻个好人家……"

苏轼的话还没有说完，门口便传来了"扑通"一声。

他转头看去，王朝云跪在书房的门口，已是泪流满面。

"朝云请求主人主母，不要放朝云出苏家，朝云生是苏家人，死是苏家鬼。朝云出身卑贱，幸得主母收留，对朝云有着再造之恩，大恩大德，没齿难忘。朝云只求一生追随主母，为主母分忧。朝云仰慕主人已久，但不敢奢求做妾，只求主人同意朝云伺候身畔即可。"说着，卑微地磕了头，哀声乞求道，"求主人主母成全。"

苏轼没有说话。

是王闰之搀扶起了王朝云，柔声说道："傻孩子，你本就是我苏家人，如何会放你走？听闻新来的徐太守，将城东缓坡上的一块营房废地划给了官人，改日我们就一同去看看，看看能否在那上面，新建出一座府邸来。届时，你便独居一间，不必再跟着老妈子同住一屋了。"

王朝云听懂了主母的言下之意，俏白的脸上，微微泛起了红晕。

她偷偷地瞧了苏轼一眼，苏轼已若无其事地将串好的铜钱，往梁上扔去。

手法还挺准，扔一个挂一个。

他的嘴角，微微扬起一丝笑意。

也许，妻贤子孝，才是苏东坡一生当中最大的福气。他的第二任妻子王闰之，是第一任妻子王弗的堂妹。王闰之不仅非常贤惠，身上还有一种旁的女人所没有的美德——"不嫉妒"。

因为不嫉妒，所以对于苏东坡无论在任何处境都可能会出现的红颜知己，她都坦然接受。而对待王朝云，更是悉心培养，善待包容。

因此，苏东坡还专门写诗赞美过王闰之：

子还可责同元亮，妻却差贤胜敬通。
若问我贫天所赋，不因迁谪始囊空。

诗中所说的"敬通"，是指东汉辞赋家冯衍。冯衍命运多舛，一生坎坷。除此之外，他还有一个十分凶悍的妻子。妻子对冯衍没有过多的温情与呵护，因此他在不被理解与失望落魄的贫困穷苦之中，走完了人生之路。

苏东坡是想拿自己的人生际遇与冯衍相比，但又庆幸自己的妻子远比冯衍的妻子贤惠。

可以说苏先生是相当傲娇的了。

4. 惟愿孩儿愚且鲁，无灾无难到公卿

黄州城东缓坡上的那块营房废地，是个文化宝地。许多许多年前，诗人白居易也曾经在忠州一个叫东坡的

地方耕种生活过,并且还写过《东坡种花二首》:

持钱买花树,城东坡上栽。
但购有花者,不限桃杏梅。
百果参杂种,千枝次第开。
天时有早晚,地力无高低。
红者霞艳艳,白者雪皑皑。
游蜂逐不去,好鸟亦来栖。
前有长流水,下有小平台。
时拂台上石,一举风前杯。
花枝荫我头,花蕊落我怀。
独酌复独咏,不觉月平西。
巴俗不爱花,竟春无人来。
唯此醉太守,尽日不能回。

东坡春向暮,树木今何如。
漠漠花落尽,翳翳叶生初。
每日领童仆,荷锄仍决渠。
划土壅其本,引泉溉其枯。
小树低数尺,大树长丈余。
封植来几时,高下随扶疏。
养树既如此,养民亦何殊。
将欲茂枝叶,必先救根株。
云何救根株,劝农均赋租。
云何茂枝叶,省事宽刑书。
移此为郡政,庶几氓俗苏。

作为白居易的资深迷弟,苏轼索性就给自己取了个名字——"东坡居士"。

在黄州的生活非常艰苦,苏东坡又很爱吃。王朝云虽然年纪小,却与苏东坡心意相通,是他难得的知己。

为了帮苏东坡解馋，王朝云于是买了当时相对比较便宜的猪肉，炖煮成了新的美味——也就是现在"东坡肉"的初级状态了。当时的羊肉很贵，苏东坡舍不得买，但又馋得慌。王朝云便做了女红去换钱，然后买回一些羊脊骨，撒上香料，做给苏轼吃。

关于他们的爱情传说，后世还流传着一个故事。

说是有一日，苏东坡吃过饭，捧着肚子在院子里散步，向家中的侍妾们问道："你们可知道我肚子里装的都是些什么吗？"

有一位侍婢抢答道："都是文章。"

苏东坡闻言，笑着摇了摇头。

另一个又机灵地说："主人满肚子装的，都是见识呢！"

苏东坡还是摇头。

王朝云端了一个盘子路过，幽幽说道："咱们家大学士的肚子里呀，可是装了一肚子的不合时宜。"

此言一出，当即引来苏东坡的哈哈大笑。

笑完之后，还是那句感叹："知我者，朝云也！"

王朝云是苏东坡人生低谷里的一点色彩，他对她有怜爱，也有依赖。

公元 1083 年，苏东坡因为乌台案被贬至黄州已经四年了。

孤单的夜里，总是文思如泉涌。他与挚友张怀民夜里散了个步，便行云流水般地写下了《记承天寺夜游》：

> 元丰六年十月十二日夜，解衣欲睡，月色入户，欣然起行。念无与为乐者，遂至承天寺寻张怀民。怀民亦未寝，相与步于中庭。庭下如积水空明，水中藻荇交横，盖竹柏影也。何夜无月？何处无竹柏？但少闲人如吾两人者耳。

同时，也是在这一年，王朝云为他生下了一个儿子，取名苏遁。

中年得子的苏东坡非常高兴，为儿子作了一首《洗儿诗》：

> 人皆养子望聪明，我被聪明误一生。
> 惟愿孩儿愚且鲁，无灾无难到公卿。

可是人生的幸福往往会如流星一般，稍纵即逝。

次年，也就是1084年。苏东坡离开黄州，改任汝州。

汝州在现今河南地界，距离黄州路途遥远，想去赴任，首先要走很远的路。当时时值盛夏，又舟车劳顿，幼子苏遁经不起折腾，在路上中了暑，上吐下泻，不幸夭折。

这对于年轻的母亲王朝云来说，是个致命的打击。

苏东坡曾写诗一首，表达丧子之痛：

云山已作蛾眉浅

HANGZHOU

〔清〕孙桐《西湖图》

第四章 千生万生只在——北宋王朝云

甲戌夏余目东海帆
归啸谷翠朋俦鹤
盦蕴庋南北两峰
白云如絮横景丰
山桥危湖光阴晴
掩映即景为畲余
因索归持眡
大雅清赏更弓焉
湖山增一佳话也
竹庵题

我泪犹可拭，日远当日忘。
母哭不可闻，欲与汝俱亡。
故衣尚悬架，涨乳已流床。

痛失爱子的王朝云，将苏东坡当作了余生唯一的依靠。

而那个时候的王朝云，也成了苏东坡一生的依靠。在此后的许多年里，她都伴随在苏东坡左右。

5. 颠沛流离，生死相依

1085 年，苏东坡主管登州。登州，是今天的山东蓬莱。没多久，又被召唤回朝。紧接着，苏东坡又因为向皇帝上书，反对司马光废除新法，再次面临被排挤的境地。

1089 年，想要躲避朝廷纷争的苏东坡，再次主动要求外调杭州。

皇帝依然批准了。

这是苏东坡第二次赴任杭州。这一次在杭州，他遇见了人生中的另一位红颜知己"琴操"。

1091 年，苏东坡赴任颍州，便是现在的安徽阜阳。

1092 年，苏东坡调任扬州。

扬州，在现今江苏省。

1093 年，苏东坡调任定州。

定州，在现今河北省定州市。

1094年，苏东坡被贬惠州。

惠州，在现今广东省惠州市。

到此时为止，王朝云都一直陪伴在苏东坡的身边。

但是惠州，是王朝云人生的最后一站。

1094年八月，苏东坡收拾行装，准备启程。他要走过一千五百里路，穿越南中国的崇山峻岭，才能抵达目的地惠州。

当时他已年迈体弱，禁不起折腾了。唯恐有去无回，便只带了年纪最小的儿子苏过、侍妾王朝云以及两名老仆婢一同前行。

他曾在惠州作有一首《朝云诗》：

世谓乐天有鬻骆马放杨柳枝词，嘉其主老病不忍去也。然梦得有诗云：春尽絮飞留不得，随风好去落谁家。乐天亦云：病与乐天相伴住，春随樊子一时归。则是樊素竟去也。

予家有数妾，四五年相继辞去，独朝云者随予南迁。因读乐天集，戏作此诗。朝云姓王氏，钱唐人，尝有子曰干儿，未期而夭云。

不似杨枝别乐天，恰如通德伴伶玄。
阿奴络秀不同老，天女维摩总解禅。
经卷药炉新活计，舞衫歌扇旧因缘。

丹成逐我三山去，不作巫阳云雨仙。

这首诗蕴含的典故颇多，包含的讯息也很多。字里行间也流露出了苏东坡对于王朝云生死相依的感激之情。

公元1096年，王朝云不幸得了瘟疫，用了很多办法都医治不好，拖延许久之后，于七月五日不治而逝。

临终之前，已经皈依佛教的王朝云，牵着苏东坡的手念了《金刚经》的偈语：

一切有为法，如梦幻泡影。如露亦如电，应作如是观。

这是《金刚经》中颇为有名的一句偈语。佛祖想要用几个譬喻说明"一切有为法"的真相。

想来，王朝云在临终之前念出此四偈，也是为了安慰苏东坡。

依照王朝云的遗愿，1096年八月三日，王朝云被埋葬在惠州西湖南畔栖禅寺的松林里。

苏东坡为她写下了墓志铭，铭文是：

东坡先生侍妾曰朝云，字子霞，姓王氏，钱塘人。敏而好义，侍先生二十有三年，忠敬若一。绍圣三年七月壬辰卒于惠州，年三十四。八月庚申，葬之丰湖之上，栖禅山寺之东南。生子遁，未期而夭。盖尝从比丘尼义冲学佛法。亦粗识大意。且死诵《金刚经》四句偈以绝。铭曰：浮屠是瞻，伽蓝是依，如汝宿心，惟佛之归。

王朝云的身份，从始至终，一直都是侍妾。

但是苏东坡对她的喜欢与爱，却并没有因为身份而有所不同。

王朝云过世以后，苏东坡前后为她写下了《朝云墓志铭》《惠州荐朝云疏》《悼朝云诗》《西江月·咏梅》《雨中花慢》《题栖禅院》等许多诗词文章来悼念她。

此后，苏东坡将在无尽的思念之中，孤独地走完人生的最后几年。

1097 年，是王朝云离世之后的第二年。苏东坡十分不幸，再次遭遇贬谪。这一次，他被贬到了儋州。儋州在海南，如今听起来是个风景不错，美食也不错的地方。但在彼时，那可是一个蛮荒之地，朝廷专门往那里流放一些并不打算让他们生还的罪臣。

苏东坡再一次悲观地以为，自己可能会死在儋州。

然而，他命运的终点却并不在此。

1100 年，宋徽宗赵佶即位，苏东坡遇赦，奉命北归。

原以为这次北归之后，可以与家人团聚，安享晚年。谁能料到，他却在次年的七月，客死于常州。

回顾苏东坡的一生，他似乎一直都在低谷里匍匐前进。因为与朝中重臣政见不合，以至于一贬再贬，一生漂泊无定，直至人生的终点，依旧还在路上，颠沛流离地走完了大半个中国。

他的妻儿，也皆因他受到牵累，却也一世相随。

公元 1093 年，苏东坡的第二任妻子王闰之去世。

苏东坡为王闰之写下祭文：

> 我曰归哉，行返丘园。曾不少须，弃我而先。孰迎我门，孰馈我田？已矣奈何！泪尽目干。旅殡国门，我少实恩。惟有同穴，尚蹈此言。呜呼哀哉！

对于纯厚贤惠的王闰之，苏东坡给予的承诺是死后要将两人的尸骨埋在一起。

在王闰之死后百日，苏东坡请来了他的朋友，著名画家李龙眠，画了十张罗汉像。再请了高僧为王闰之诵经超度，将这十张罗汉像献给了妻子的亡魂。之后，王闰之的灵柩就一直停放在京西的寺院里。

直到公元 1101 年。

此时，距离王闰之去世已经八年有余了。苏东坡在遇赦北返途中，因为长途跋涉，不堪重负，最终因病逝世在常州。

苏辙将兄长苏东坡与嫂子王闰之的尸骨合葬在了一起，实现了苏东坡对王闰之"惟有同穴，尚蹈此言"的承诺。

而对于死后留在异乡的王朝云，苏东坡的深情，许是藏在他写的这句诗当中：

> 伤心一念偿前债，弹指三生断后缘。

参考文献

1.《苏轼——北宋文学的制高点》，载聂作平编著《中国文学大师速读》，成都时代出版社，2005年。

2.冯渊：《苏轼：无可救药的乐天派》，《新语文学习（高中版）》2006年Z2期。

3.林语堂：《苏东坡传》，湖南文艺出版社，2016年。

第五章

娇痴不怕人猜——南宋朱淑真

【人物档案】

姓名：朱淑真

民族：汉族

籍贯：钱塘（今浙江杭州）

字号：幽栖居士

年代：宋代

出生时间：约 1135 年

去世时间：约 1180 年

代表作：《断肠词》《断肠诗集》

人物点评：

朱淑真是唐宋以来，留存作品最为丰富的女作家之一。在她的作品《断肠集》中，可以看到关于女性意识的觉醒。在宋朝那个男尊女卑的时代里，柔弱女子朱淑真，敢于追求爱情，敢于反抗封建伦理对于女性的无情桎梏，她的行动与担当已是相当的了不起。有后人因此点评她为仅次于李清照的女词人。朱淑真出身于官宦人家，从小受到了良好的教育，丈夫也是一名小吏，但由于丈夫不思进取，志趣不合，朱淑真的婚姻生活过得十分煎熬。当时的社会与家庭对她的行为并不理解，也最终导致了她郁郁而终。

相关景区：杭州青芝坞

1. 焚诗

枯叶纷飞，秋风一吹，卷来了漫天的愁。

在西湖之畔，有一座临水而建的茶坊。茶坊的生意不错，楼上楼下都坐满了人。

茶客们只需要就着一杯清茶、一碟糕点，就能赏尽西湖的秋色秋水。

靠窗的位置，看景致是十分不错的，但也总能听见楼下传来的嘈杂吵嚷。

此时不知道楼下发生了什么事，几位随同家人一道前来品茶的女郎，正朝着楼下指指点点，表情甚是焦急。

其中一位大约实在是按捺不住了，转身同原本安然静阅手中书籍的男子说道："呀，官人，你来看哪，那不是城南朱家主人吗？他是因何缘故，要在那西子湖畔搭了台子焚烧东西啊？"

另一个女郎反驳道："这哪里搭的是个台子呀？分明是用枯木随便凑合着，便于焚烧物件罢了。也不知道他们都烧的是些个什么，我刚刚瞧见哪，那朱家主人还是用脚把东西给踢进去的。这一脚啊，可是包含了多大的仇、多深的恨啊。"

男子应了一声，从书籍当中抬眼假装瞧了瞧，权当是敷衍，接着又埋首读书去了。

旁人看得出来，这位应该是带着家眷出来秋游的郎君，大约是走得乏了，所以才到这座茶楼上小坐一会儿。

到底是个"两耳不闻窗外事，一心只读圣贤书"的斯文人，显然并不怎么关心楼下湖畔别人烧的究竟是个什么。

这使得方才搭话的女子有些讪讪的，唯恐在其他妻妾跟前拂了面子，便又补充说道："官人哪，这楼下焚烧物件的，正是钱塘城南朱家。也就是官人您正在赏阅的那位朱淑真朱大娘子的家人。"

端茶倒水的店家听见了，便又多嘴多舌地补充道："夫人好眼力，那楼下确实是朱大娘子的父亲母亲，正差了府中的厮儿和女使，在烧朱大娘子的衣物呢。"

这回终于引起了那读书男子的兴趣。他问："他们为何要烧朱大娘子的衣物呢？"

隔壁桌的人听见了，不由笑了，说："这位官人怕不是咱们钱塘本地人吧？"

"确实不是。"

"那这可就怪不得您了。您有所不知,就在几日前,朱家的大娘子偷偷拜别了父母,趁着天色尚早,悄悄去跳了西湖。"

这话一出,便引来了旁人的八卦:"听说那朱家的大娘子,因是盼不来情郎,又年老色衰,还不得娘家人体谅,所以寻了短见。"

正说着,那原本应在楼上倒茶的厮儿心急火燎地跑上楼来,手中捧了一张纸,边跑边念叨:"真不知朱家主人跟女儿有什么深仇大恨,竟然把朱大娘子的诗作全部都要往火里扔,哎呀呀,实在是太可惜了。掌柜的,您快去瞧瞧吧,小的好不容易才抢了一张。"

说着,献宝似的奉到店家跟前去。

却未料,竟被那坐着品茶的官人给抢了去:

"土花能白又能红,晚节由能爱此工。宁可抱香枝上老,不随黄叶舞秋风。"

"此诗名叫《黄花》,是朱家大娘子在咏菊。"

"可为何我却认为,朱大娘子是在写自己呢?这该不会是朱娘子的绝笔吧……哎,官人,官人你往哪里去?"

众人循声看去,方才那原本安如泰山的阅书男子已经失了仪态,领着随行伺候的厮儿与侍女一同往朱家人焚烧遗物那处奔去。

楼上的茶客们看不明白,不知此人乃是何人。

有人好奇心盛，上前询问。陪着大娘子原地等候的侍女悄悄地说："我家官人姓魏，宛陵人士。我家小娘，则是钱塘人。今次我们是陪着小娘省亲来的，顺便，再瞧瞧钱塘的秋景秋色。哪里晓得，竟会遇见朱家大娘子这般遭遇……真是可惜了啊，我家官人向来欣赏朱娘子的才情，读了她好多的诗……"

众人这才明白，方才慌忙下楼的官人，乃是朱淑真的"知音人"。

再看那西湖之畔，城南朱家的仆婢们原本哭哭啼啼地烧着大娘子的遗物，突然不知是从何处涌来了一群人，他们蜂拥而上，旁的不管不顾，却单单抢走了朱家大娘子生前所写的诗词。

朱家主人与夫人，面面相觑，却并没有再做阻拦。

公元 1180 年，南宋孝宗皇帝赵昚在位的第 19 年。

在这一年，朝廷申令禁止书坊擅自刊刻书籍。

也是这一年，钱塘才女朱淑真跳水自尽，享年 46 岁。

南宋宰相魏良臣的次子魏仲恭，深慕朱淑真才华，在朱淑真死后，四处收集朱淑真遗作，最终整理成册，于 1182 年辑刻《断肠诗集》，并为其作序：

"早年不幸，父母失审，不能择伉俪，乃嫁为市民家妻。一生抑郁不得志……竟无知音，悒悒抱恨而终。自古佳人多薄命，岂止颜色如花命如叶耶！……其死也不能葬骨于地下，如青冢之可吊，并其诗为父母一火焚之。今所传者，百不一存，是重不幸也。"

2. 单恋

时间追溯到 30 年前,彼时的朱淑真年纪尚小,只有 16 岁。

那一日的她,穿了新做的淡红衫子,如往常一般坐在园子里,手中捧了一本书,倚着栏杆静静地翻着。

侍女为她送来了茶点,说道:"大娘子,夫人让给您送点歙州的糕点尝尝。"

朱淑真目不斜视,专注读书,对美食并无多少兴趣,却对"歙州"十分好奇,便问:"家里怎会有歙州糕点的?是老家来人了吗?"

侍女点头:"大娘子猜对了,老家歙州来了位远房的亲戚参加今次的科考,就借住在府里的东轩,倒是距离大娘子的厢房不太远。听说呀,那位大郎也是个博学多才的主呢,兴许,大娘子还能跟他多讨教讨教诗词歌赋呢。"

朱淑真的眼中闪过一丝好奇。

朱家主人在朝中做官,家里也时常会来一些同僚或是门生。这令自幼聪慧、才情过人的朱淑真十分欢喜。她写了许多诗词,总是兴致勃勃地拿出来,向父亲的朋友们求教指点。

十一二岁那年,朱淑真作了一首诗《书窗即事》:

一阵催花雨,高低飞落红。
榆钱空万叠,买不住春风。

朱淑真像

　　这事儿叫朱淑真的父亲脸上十分有光。家中出了才女，说来说去，也只会说朱家老父教导有方，名门闺秀才情过人，总归能够寻个好的夫家。

　　朱淑真对于此事，也有自己的看法：

　　　　然翰墨文章之能，非妇人女子之事，性之所好，情之所钟，不觉而鸣尔。

刚刚及笄的朱淑真，喜爱读书，喜欢写诗。她遇花吟花，见月咏月，天真无邪，还不懂得此外的风月。

而家乡歙州来的那位郎君，确实和书童就借住在东轩。虽然与朱淑真相距不远，可男女有别，不好相见。两人至多远远地点个头，算是打了招呼。

那位郎君也很年轻，二十来岁的年纪，形象清朗，风姿隽爽，言谈举止风度翩翩。

朱淑真的心中似乎在不知不觉之中就印下了他的影子，总也忍不住，要向有他的方向看去。

正月初六，大雪初霁。姨母姨丈带着表姐们来了府上。

正月里的钱塘城十分热闹，一到夜里，便张灯结彩，灯火辉煌，家家户户携家带口，共赏花灯。

那一晚，朱家老小也出了门，大家携手同游，好不快乐。

除了那位借住在东轩的郎君。

瞧着欢天喜地的夜景，朱淑真心底有些遗憾。倘若是东轩的那位郎君也在就好了。可惜东轩的郎君要苦读诗书，全力赴考，哪里会舍得在玩耍上浪费工夫？

夜里玩罢了回到家中，东轩的灯火还亮着。朱淑真瞧了一眼，便叫侍女送来笔墨，填下一阕《忆秦娥》：

> 弯弯曲，新年新月钩寒玉。钩寒玉，凤鞋儿小，翠眉儿蹙。　闹蛾雪柳添妆束，烛龙火树争驰逐。争驰逐，元宵三五，不如初六。

写罢，她心满意足地拎起墨水未干的小笺吹了吹，然后差侍女送到东轩去。

她想邀他一同感受今晚的热闹。

然而，她的心意，他却没有意会。抑或意会了，却并没有领受。

此后数日，朱淑真都没有收到他的回函或是点评。更糟糕的是，即便是两人在院子里狭路相逢，他脸上原本还有的笑意，竟然也收了起来，再也没有了。

朱淑真全然不懂男儿心。她不明白为何只是写了一首词送他看而已，他却突然像是变了一个人，原本好颜好色的郎君，竟然变得如此冷漠。

到底是哪里出了问题？朱淑真开始有了愁绪，变得患得患失。

这份愁绪，很快就变成了她笔下的文字。

清明之后，东轩的屋子空了出来。从婢女的口中得知，原先寄住在朱府的那位郎君，这次考试没有中举，他已拜别了朱家主人与主母，带着书童连夜启程，回了歙州。

看来他走得应该很是匆忙，竟然都没有同朱淑真道别——当然，也有可能是故意不辞而别的。也许他从来就没有喜欢过朱淑真；也许他曾经喜欢过，但奈何家中已有娇妻稚子，他不能接受这份心意，所以索性躲避开了……总之，他走了，没有回应朱淑真的情感，也没有再给朱淑真留下一丝一毫的念想。

瞧着东轩那间空荡荡的屋子，朱淑真第一次感觉到"情"字之苦，含着眼泪写下了《眼儿媚》：

> 迟迟风日弄轻柔，花径暗香流。清明过了，不堪回首，云锁朱楼。　午窗睡起莺声巧，何处唤春愁。绿杨影里，海棠亭畔，红杏枝头。

这是一场不堪回首的单恋啊。

3. 鸥鹭鸳鸯作一池

过了几年，朱淑真19岁，因为诗词歌赋皆超寻常，已是才名远播。

年纪大了，光有名气又有何用，连个归宿也没有。朱家主人主母意识到了这个问题，迅速找人为女儿谋了一门亲事。

对方倒是个门当户对的郎君，虽然长得不算玉树临风、倜傥风流的才子模样，但好在家底殷实，女儿嫁过去不至于吃苦受累；再则，这位郎君又与朱家主人同在仕途，显见未来可期。

最要紧的是，这位郎君早就听说过朱淑真的才名，也很仰慕朱淑真的才情，他愿意迁就她，迎合她，呵护她。

这可真是一桩金玉良缘。

朱淑真婚后，确实也有过一段很甜蜜浪漫的时光。

有一回，丈夫去外地出差，别后几日，朱淑真就觉得相思难解，她日夜难眠，就写了一首"圈儿词"寄给丈夫。这封信很独特，上面一个字也没有，尽是些圈圈点点，叫人委实有些看不明白。直到最后，朱淑真的丈夫才在书脊的夹缝里，发现了朱淑真用蝇头小楷写下的《相思词》：

> 相思欲寄无从寄，画个圈儿替。话在圈儿外，心在圈儿里。单圈儿是我，双圈儿是你。你心中有我，我心中有你。月缺了会圆，月圆了会缺。整圆儿是团圆，半圈儿是别离。我密密加圈，你须密密知我意。还有数不尽的相思情，我一路圈儿圈到底。

丈夫不禁哑然失笑，迅速处理完了公事，便立即转头启程回家。

这个顽皮又有趣的女子，用一首诗唤回了远游的丈夫。

可是好景不长，彩云易散琉璃脆。

三两年后，夫妻之间性格迥异、志趣不投的弱点，也就暴露了出来。

朱淑真的丈夫曾经是个商人，在诗词上面，与朱淑真没有多少唱和。后来，他做了官，不仅出差很多，应酬也很多。面对妻子的各种小心思，起初还觉得很新鲜，到了后来，他就实在是没有精力来应对了。

于是，一直渴望被爱、被呵护的朱淑真，再一次感受到患得患失。

她将婚姻的不幸，全部落于笔下：

> 鸥鹭鸳鸯作一池，须知羽翼不相宜。
> 东君不与花为主，何似休生连理枝？

志趣不投，朱淑真与丈夫的关系，便如鸳鸯对鸥鹭。既然已是"羽翼不相宜"，这两个人又如何能够成为知己呢？

后来有一次，朱淑真与丈夫同坐一条船，去往他处。虽然两人相隔如此之近，可心与心之间，却是相距甚远。

两岸的风景旖旎，然而朱淑真的心里却只有无从宣泄、无处不在的苦闷：

> 岁暮天涯客异乡，扁舟今又度潇湘。
> 颦眉独坐水窗下，泪滴罗衣暗断肠。

朱淑真与丈夫的感情已经濒临破灭。当初，丈夫娶她，是因她才名远播，令人欣赏仰慕。

如今，丈夫厌弃她，也是因她才名远播。但此时，"才名远播"成了一个罪证：她不是一个宜家宜室的女子。

朱淑真第一次发出抗议：

> 女子弄文诚可罪，那堪咏月更吟风。
> 磨穿铁砚非吾事，绣折金针却有功。

然而她的抗议，却并未引起丈夫的回应。他对她再也无法忍让迁就，他另结新欢，开始沉迷于风月场所，对朱淑真也再无夫妻之间基本的客气与尊重。

甚至有一回，还将风月场里认识的女人带回了家。

对于这样的冒犯，朱淑真感到忍无可忍。在一个秋日，她收拾了包裹细软，带着近旁伺候的侍女，回到了钱塘母亲家，并写下一篇诗作《秋日述怀》：

> 妇人虽软眼，泪不等闲流。
> 我因无好况，挥断五湖秋。

挥慧剑，斩情丝。从此以后的朱淑真，要开启新的人生。

4. 娇痴不怕人猜

回到娘家的朱淑真，收到了一封邀请函。

朱家主人与主母是又愁又喜。

愁的是，朱淑真回娘家这么久了，夫家也没有派人来接她回去。

喜的是，这封来函，乃是当朝宰相曾布的夫人魏玩所写。魏夫人也是个名满天下的大才女，笔下的诗作也叫人广为传诵。大约是听说了朱淑真的才名，因此想邀朱淑真到府一叙。

可倘若朱淑真此行一去，名声愈盛，更不愿意再回夫家了，届时又当如何是好？

就在二老忧心忡忡、一筹莫展之际，朱淑真果断地做了决定："父亲，母亲，女儿愿往。"

朱淑真的母亲看着女儿心意已决，便没有再加阻拦，但又放心不下，就悄悄叮嘱："到了曾相公府上，可千万要记得遵守妇道人家的规矩。你如今，还是女婿家里的人，可莫要少了分寸。"

朱淑真当然明白母亲担心的是什么，她微微点头，答应了母亲的叮嘱。

到了魏玩府上，朱淑真但觉如鱼得水。宰相夫人欣赏朱淑真的才华，名媛贵妇更是将她视为知交好友。可是朱淑真心中，始终觉得缺少点什么。在她的诗词当中，总有一抹愁绪，挥之不去：

占断京华第一春，清歌妙舞实超群。
只愁到晓人星散，化作巫山一段云。

魏夫人见朱淑真始终愁容不展，便邀请她游湖踏青。

便是这个契机，在含烟带露的季节里，朱淑真在湖上遇见了一位称心如意的人。

这位郎君姓甚名谁，在与朱淑真相关的文字里，都没有记述。

但因为这位郎君的出现，朱淑真的人生才又重新画上了彩虹。

这个人应该是一个非常懂她的人，他们在一起，曾有过许多快乐的时光。而这些美好的事情，都被朱淑真

——记录在了笔下。

譬如——

恼烟撩露，留我须臾住。携手藕花湖上路，一霎黄梅细雨。娇痴不怕人猜，和衣睡倒人怀。最是分携时候，归来懒傍妆台。

这字里行间，都是一个热恋中的女人才有的风情与娇态。

那一天，春光明媚，万物含烟。朱淑真与意中人相约游湖。两人相互依偎，亲密至极地执手看荷。陡然间来了一场黄梅细雨，朱淑真牵着情郎的手往前奔跑，终于寻到一个可以避雨的亭子。她看着两人被淋成落汤鸡的样子，不禁笑了起来，娇痴地倒入了情郎的怀中，也不怕他人议论，只想尽情地享受恋爱的甜蜜。不一会儿，雨终于停了，也终于到了分别的时候，朱淑真依依不舍地告别了情郎。回到家中，她慵慵懒懒地倚靠在梳妆台边上，回想起与情郎在一起的点点滴滴，嘴角不禁含了一抹笑意。

除此之外，还有——

火树银花触目红，揭天鼓吹闹春风。
新欢入手愁忙里，旧事惊心忆梦中。
但愿暂成人缱绻，不妨常任月朦胧。
赏灯那得工夫醉，未必明年此会同。

这应该是朱淑真的人生当中最美好的时光吧。

可是她大约是被幸福冲昏了头脑，竟然忽略了一个残酷的现实：朱淑真在名义上来说，还是一个有夫之妇。她迫不及待将甜蜜的爱情公之于众，想要炫耀她来之不易的幸福。可是这个举动，却叫她心上的那位郎君倍感压力。

从古至今，很少有人能扛得住流言蜚语的攻击。与有夫之妇私会相爱，是有悖伦理道德的。

朱淑真的情郎有些怕了。

这世上的关系，从来都很脆弱。情人关系，更加不堪一击。古往今来，有多少痴缠男女，起初尽情欢愉，最后一拍两散。

更何况，这还是在民风更加保守的宋代呢。

5. 断肠人

炫耀爱情、公布恋情的结果是显而易见的，朱淑真被抛弃了。

这是朱淑真第二次被男人抛弃。她带着满心的伤痛，回到了钱塘。朱淑真将无数的愁情苦雨化作了笔下的文字：

钱塘风景好，却无心上人。

当时的朱淑真，非常孤独。"每到春时，下帏趺坐，人询之，则云：'我不忍见春光也。'"

还写道：

新注朱淑真斷腸詩集卷之一

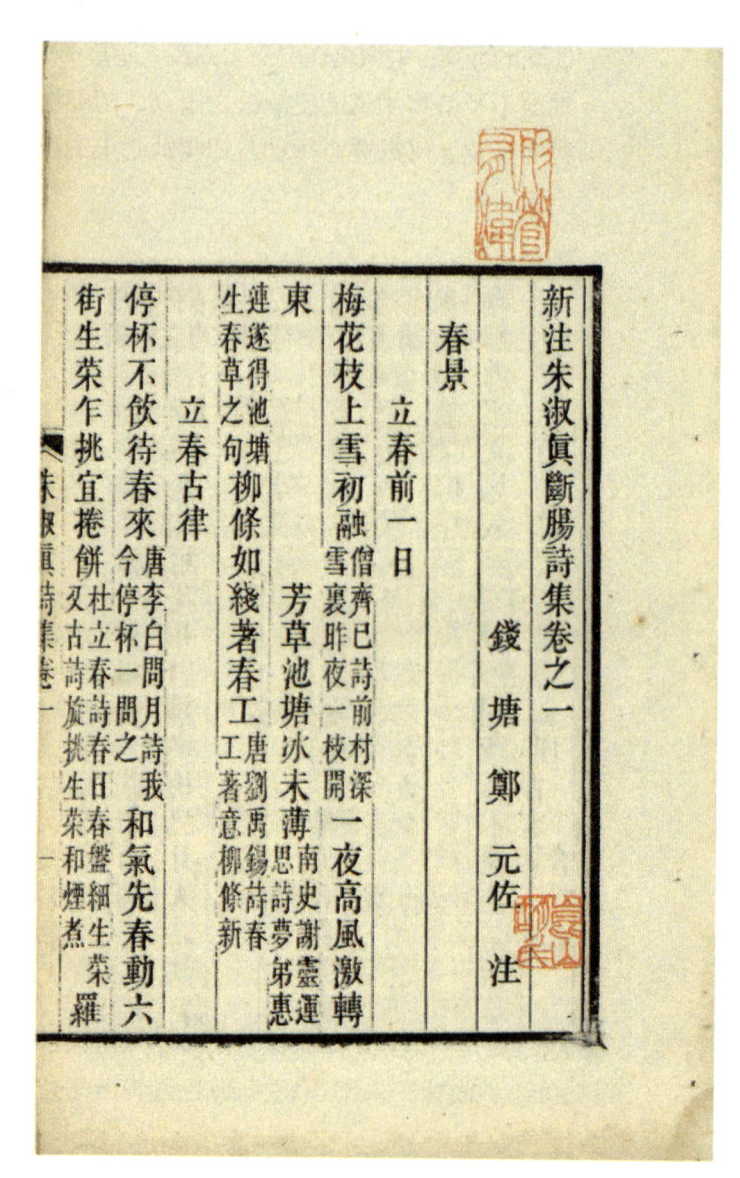

錢塘鄭元佐注

春景

立春前一日

梅花枝上雪初融僧齊已詩前村深一夜高風激轉東芳草池塘冰未薄南史謝靈運生春草之句柳條如綫著春工唐劉禹錫詩春夢惠生春草之句柳條如綫著春工

立春古律

停杯不飲待春來今停杯一問之和氣先春動六街生榮乍挑宜捲餅及古詩旋挑生榮和煙煮唐李白問月詩我立春詩春日春盤細生榮

新注朱淑真《断肠诗集》

独行独坐，独唱独酬还独卧。伫立伤神，无奈春寒著摸人。　此情谁见，泪洗残妆无一半。愁病相仍，剔尽寒灯梦不成。

朱淑真在人生的最后几年，过得并不快乐，甚至有些艰难。

关于她的传闻早已闹得满城风雨，能够接纳她的，只有娘家。可即便是接纳了她，家人也未必能够喜欢她。外面的流言蜚语从未间断，家中父母对她也很是嫌弃。

窗外总是有下不完的雨。朱淑真看着镜中的自己，明白年华已经逝去，而她曾倾心爱慕的人，也薄情寡义地将她遗忘了。

她孤单地坐在书案之前，静静地看着窗外的雨。

门外有了动静。朱淑真扭头看去，是送饭的侍女。

侍女摘下蓑衣，将茶饭放在厢房的桌子上，对她喊道："大娘子，吃饭了。"

朱淑真应了一声，起身净手。

自打朱淑真回到娘家以后，便很少被邀请上前厅吃饭，都是侍女将茶饭端到她的屋子里来。

这位侍奉她多年的侍女，如今也老了，原先的青丝里也掺杂了许多华发。她陪着朱淑真成长，陪她出嫁，陪她回娘家，再陪她勇敢赴爱，颓唐退场……她像朱淑真的影子，陪伴了朱淑真的整个人生。

朱淑真瞧着她，轻声说："一起坐下吃吧。"

此时的她，唯有这样一个近旁的人，可以说说话。

侍女点了点头，尔后，替朱淑真倒了杯酒。

在《得家嫂书》诗中，朱淑真写道：

> 倾心吐尽重重恨，入眼翻成字字愁。
> 添得情怀无是处，非干病酒与悲秋。

这样的日子，实在是难熬。

朱淑真的日子是黑白色的，她无法得到想要的爱情，也没有办法摆脱困在枷锁里的人生。

江南的雨，缠缠绵绵，就像朱淑真无尽的忧愁。

终于有一日，她豁然开朗，想要换一种活法。

叫来侍女，替她梳妆打扮，再穿上自己最为喜欢的衣衫。

侍女问："大娘子要去哪里吗？"

朱淑真道："出去走走。"

侍女问："要奴婢相陪吗？"

朱淑真摇了摇头："不必不必。家中境况愈发不如从前，母亲也需要人手帮忙，你就莫要跟着我去了，替我多帮衬帮衬母亲。"

侍女点了点头，但又觉得大娘子今日的话里，似乎与往日有些不同。可她又看不出来，究竟有哪些异样。

目送着朱淑真瘦弱孤独的背影渐渐地消失在雨中，侍女有些担忧，便又呼唤一句：

"那大娘子早些回来。"

"我一定早些回来。"

可是这一次，朱淑真骗了人。后来，她再也没有回来。

在后世的传说里，朱淑真投了水，尸骨无存。

也是在后世的传说当中，朱淑真的父母因为女儿"失节"，弄得家族为此颜面尽失；又因为女儿失去生存的意志而投水自尽，弄得家族再次受到世人的抨击，朱家父母因此对女儿憎恨不已，一怒之下，烧了她的诗词。

而宛陵人魏仲恭，读过朱淑真的许多诗词，非常欣赏朱淑真的才情，也很同情她的遭遇，于是多方搜集，将她的诗词辑录成册。最终，大约有350多首朱淑真的诗词得以保存。

取名为《断肠集》。

参考文献

1. 杭州市人民政府地方志办公室编：《杭州精览》，浙江人民出版社，2018年。
2. 蒋文欢等：《钱塘风雅》，杭州出版社，2019年。
3. 王乾：《柔肠一寸愁千缕——浅论朱淑真词》，《语文学刊》1998年第3期。
4. 董淑瑞：《朱淑贞诗词中的自我形象》，《河北大学学报（哲学社会科学版）》1985年第4期。
5. 朱丽霞：《论朱淑贞对女性心理的表白》，《南昌高专学报》1999年第4期。
6. 史实：《朱淑贞事略考辨》，《东北师大学报（哲学社会科学版）》2001年第1期。
7. 孙跃：《西湖边的红颜》，杭州出版社，2012年。

第六章 易安心事岳王知——南宋李清照

【人物档案】

姓名：李清照

字号：易安居士

身份：诗人、词人

丈夫：金石学家赵明诚

所处时代：北宋—南宋

民族：汉族

出生地：齐州济南

出生时间：1084年3月13日

去世时间：约1155年

去世地点：浙江杭州

代表作：《夏日绝句》《如梦令》（昨夜雨疏风骤）

相关景区：杭州西湖清照亭

第六章　易安心事岳王知——南宋李清照

1. 千古风流八咏楼，江山留与后人愁

公元 1155 年，南宋绍兴二十五年，又被称为金贞元三年。

这一年的十月二十一日，因宰相秦桧重病卧床已有多时，宋高宗赵构心有忧虑，因此到宰相府探望。当时的秦桧，已是病入膏肓，见到官家，他不停地落泪，却是一句话也说不出来。宋高宗心有不忍，当即命令吏部尚书沈虚中草拟一份秦桧父子的致仕制书。

次日，朝廷使者来到宰相府，宣读了圣旨。皇帝加封秦桧为建康郡王，进其子秦熺为少师，父子二人皆致仕。

当天晚上，秦桧去世了。朝廷又立马追赠申王，谥号"忠献"。

当这个消息传到坊间时，众人皆是不敢多言，只暗地里愤愤然地朝着栖霞岭南麓遥遥地拜了一拜。

说到秦桧，西湖边的茶馆里，总免不了有些小声的

议论。

这不，在秦桧死后大约又过了两个月，临安城下起了第一场大雪。一夜之间，西湖陡然变成了白茫茫的一片，冰雪连接了天与地，天堂与人间，此时已经没有了界限。

天寒地冻的，茶馆老板唯恐来喝茶的人变少，便在屋内放上炭火，在屋外也放上火盆，烘得整栋楼都暖洋洋的。

于是吸引了不少茶客前来。

午后，楼上楼下坐满了人。

二楼东边临窗的位置因视野绝佳，可将西湖美景一览无余，所以老板特地挂了副帘子，将之隔成了一间小室，以便不喜热闹的茶客享用。

此时，这间屋子里便坐了一位客人。她白发苍苍，荆钗布裙，斜靠着坐在轩窗旁边，正漫不经心地瞧着远处的雪景。

距她半米的桌子上，是店小二送上来的清茶与两碟茶点。

因她上了年纪，又是独自一人，店小二心生好奇，临出门前，还偷偷地仔细打量了她一番：如此朴素又上了年纪，身边却只跟了一个小少年。且这会儿，那小少年还跑出了门去，也没说留个婢子在身畔照顾着。

可转而再看她，又发现，这位老妇人看似也有个七十来岁了，衣着简朴，面色清白，气韵沉静，有一种说不出来的非凡气度。

店小二觉得她一定不是寻常老太,不知是哪家大宅院里的老夫人。

带着满心困惑,店小二掀开帘子,走了出去。

帘子再次落了下来,又将里外隔绝成了两个世界。

虽说帘子之内都有谁,帘子之外的人不知道,但帘子之外的人聊了些什么,在那帘子之内的人却听得清清楚楚。

这会儿,帘子外头有一位四十来岁的说书人,正与茶客们说着热闹:

"今日呢,听店家说,在座的皆是从五湖四海会聚而来的朋友,要某同大家说一说,咱们临安城里的故事。最好呢,还能再讲一讲已故建康郡王秦相公的事情。嗯……关于秦相公的事情呢,某是不敢多言的,但是某可以说一说,与秦相公曾经共事过的,綦翰林的故事。这位綦翰林啊,他可是咱们官家御笔亲选的第一位翰林呢。"

"噢?先生快与我等说上一说。"

"在咱们临安城北啊,原先有一户人家,姓綦。这个姓氏不大普遍,这户人家呢,也是从外地迁来的;但居住在临安城内,也有许多年了。他家的来历,左右邻居都很清楚。这家的主人,有一位长辈,名唤綦崇礼,曾是翰林学士。这位大学士原先是淄县主簿,在金石学家、曾经的淄州知州赵明诚麾下任职。后来,官家即位,就御笔亲批他做了翰林学士。话说这位翰林学士啊，那可是相当的了不起，他文采斐然，代官家撰写的诏书'气格浑然天成，一旦当书命之任，明白洞达，虽武夫远人，晓然知上意所在'，而且在起草诏书的时候，'文简意明，不私美，不寄怨，深得代言之体'，很受官家器重。"

众人闻言，无不欣赏，连连发出赞叹之声。

那说书先生接着道："可惜这样的人，却与秦相公政见不合，以至于深受排挤，最后，他不得不辞官，归隐台州去了。并且十多年前，在台州病故了。"

众人又说："可惜了，可惜了。"

说书先生见大家对此都表示了惋惜，于是又说道："关于他生前的轶事，还有一件，也是非常了得。"

"是何等了不起之事，先生速速讲来。"

"这綦翰林啊，他原先的上司名叫赵明诚。赵明诚在赴任湖州知州时，路上感染了疾病，还未到任，就不幸病故了。"

"哎呀，可惜可惜。"

"确实可惜啊。那赵先生膝下没有子嗣，留下一个未亡人，那可是个鼎鼎有名的大才女。"

有人弱弱地提问："先生所说的大才女，可是写那'昨夜雨疏风骤，浓睡不消残酒。试问卷帘人，却道海棠依旧。知否，知否？应是绿肥红瘦'的易安居士，李清照？"

说书先生点了点头:"正是。"

"啧啧,那可是个真才女啊。"

"可便是这位真才女,在丈夫过世以后,孤苦伶仃,漂泊无依。等她来了临安之后,竟然智慧蒙蔽,失了判断,再嫁了一个无耻之徒张汝舟。"

"这个张汝舟我知道,那可真不是个东西。"

"确实不是个好东西。易安居士也是嫁给他之后,才发现他娶她,并非是为了要与她真心相待,携手白头,而是贪图她亡夫赵明诚的古董字画。这姓张的根本就是个骗子,他哪里是什么有才之人哪,虽说一直在考试,可却屡试不第,后来还是通过谎报举数才做的官。这样的人,哪能托付终身呢?这分明就是个骗财骗色骗官的伪君子呀。于是,易安居士就向朝廷揭发了姓张的。姓张的很快就受到了惩罚。可虽说是惩治了张汝舟,但易安居士自己呀,也是身陷囹圄。"

"这是为何?"

"嗨,诸君莫非忘了,我朝《刑统》规定,妻告夫,即便是夫有过,妻仍需徒刑二年。"

人群之中,有人暗自议论:"这倒也是。我朝女子,又怎可状告丈夫呢?这成何体统。为何就不能忍一忍,互相包容,互相体谅呢?何必拼得鱼死网破呢!"

一个刚刚上楼的小少年正好听见了,愤然说道:"难道,明知歹人就在身侧,也不做抗争反击的吗?难道,要如那已故的建康郡王秦相公那样,一味休战求和吗?

试问在座的各位官人,胆小怯懦之事,是君子所为吗?"

众人闻言,皆向他看去。

但见是一个十二三岁,还处在变声期的小伙儿,便忍不住笑了起来。

人群中有人起哄:"小猴儿,毛都还未长齐,谈什么君子与大丈夫?"

大家接着大笑。

笑罢了,说书先生又说道:"话说那李娘子举报了亲夫,以致身陷牢狱,还是綦家这位大学士想了许多办法,才将她救出的。"

"这綦大学士可真是侠肝义胆,有情有义啊。"

"那这家人现如今还住在临安城北吗?"

"不在了不在了,十来年没在城里瞧见过他们了。"说书先生叹道,"这等气节如竹、品性如莲的人物,又怎会生活在市井之中呢?"

"那倒也是。"

"那么,易安居士李娘子呢?"

"李娘子应该还在临安,但具体生活在何处,某却是不晓得的。听说,李娘子是跟着弟弟一家人在生活呢。"

"易安居士竟然还有个弟弟?"

"自然是有。李家二郎名唤李远，官做得不大，才华也不如父亲和姐姐，是以在社会上没有什么名声，但他好歹是易安居士唯一的依靠。前几年，易安居士还在弟弟的陪同下，两次造访书画家米芾之子米友仁，请他作跋呢。那个时候的易安居士，就已经六十来岁了。你看这都过了多少年啦，也不知道她老人家是否健在。倘若尚在人世，恐怕也是位白发苍苍、行动不便的老妪了。"

"这倒也是，这倒也是。"

"先生，我等正是从湖州来的，对易安居士也甚为仰慕，但心中还是有个疑问：为何易安居士写了那么多的诗词，可偏偏对于西湖，却甚少着墨呢？似乎……似乎一首也没有呢。"

说书先生捻了捻胡须，笑道："你当易安居士是个整日里弄花吟月的寻常女子吗？能够写出'生当作人杰，死亦为鬼雄。至今思项羽，不肯过江东'这样壮阔诗句的奇女子，面对此番家国景象，哪有什么心思去写无边风月呢？她在金华写的《题八咏楼》，可还有人记得？"

"记得，记得。千古风流八咏楼，江山留与后人愁。水通南国三千里，气压江城十四州。"

"这首也是澎湃大气，气势恢宏啊。"

"倘若知晓易安居士身在何方，我等一定要前往拜会才是啊。"

"那是当然的，那是当然的。"

众人议论纷纷，茶坊里好不热闹。

方才上楼的小少年在一旁瞧着，冷哼一声，便进了临窗挂了帘子的小室里去。

白发苍苍的老妇回头看他，脸上带着淡淡笑意，轻声唤道："綦哥儿回来啦。"

被唤作綦哥儿的少年对她行了个礼，说："太姑祖母，祖父已经叫好了马车，叫綦哥儿上来请太姑祖母。"

"好，好，你来搀一搀太姑祖母。"

綦哥儿听话上前。他年纪虽小，可个子却挺高，将瘦小的太姑祖母搀扶着，又忍不住埋怨了一声："太姑祖母今后还是少来这座茶楼了，他们整日里翻来覆去地把咱家的事说来讲去，讨厌死了。"

"又为这些个不相干的人生气啦？"太姑祖母瞧了他一眼，忍不住又笑，"那今后太姑祖母再也不来啦。咱们呀，这就回去。"

说罢，便由小少年搀扶着，往外间走去。

那说书的先生还在绘声绘色地说着易安居士的往事："话说绍兴六年，易安居士和她弟弟一家，就寄居在余杭门外的西马塍。与某，正好是邻居。"

人群中开始有人发出羡慕的声音。

说书先生继续讲："可惜某当时年纪小，不晓得隔壁住了个大才女。她呢，也是深居简出，所以某，只是侥幸见过易安居士几面而已。"

"先生，易安居士到底长的什么样子啊？可是个仙女模样？"

说书先生笑了笑："当然是个神仙般的人物啊。易安居士早年住在余杭门外西马塍，她从那时候开始着手整理、校勘亡夫留下来的《金石录》，不仅为《金石录》作了序，又写下了《贵妃阁春帖子》《端午帖子》等了不起的诗篇。不过后来不知为何突然搬走了。从那以后，某便再未见过她。但某揣测，这易安居士啊，应该还生活在这里，只不过因为年纪大了，便不再抛头露面罢了。"

说到这里，他眼角的余光突然被一老一少相互搀扶的背影所吸引。

待他专注看去之时，那身材矮小佝偻、白发苍苍的老妇人，正好也回头看向他。

她脸上带着淡淡的笑意，眼中盈着智慧的光芒。

只这一眼，说书先生的心中陡然像被什么击中了，升起一股没来由的疑惑。

待他回过神来，才急匆匆地追下楼去，想要寻到那位老妇人。

可到底是跑得慢了一步，马车已经载着人，消失在了路口。

楼上有人探出头来，高声问道："先生这是怎么了？怎的跟丢了魂儿似的？莫非方才下楼去的那位婆子，是先生的故人吗？"

〔清〕崔错《李清照像》

说书先生依旧盯着那路口,恍恍惚惚地喃喃说道:"她……她就是……易安居士……"

2. 和羞走,倚门回首,却把青梅嗅

公元 1100 年,宋哲宗赵煦驾崩,端王赵佶即位,是为徽宗。

同年 8 月 24 日,命运坎坷的北宋文学家苏轼,遇赦北返,却在常州走完了他漂泊无定的一生。当时的礼部员外郎李格非,朝着恩师仙逝的方向,洒酒作揖,拜了三拜。

也是在这一年,礼部员外郎李格非的掌上明珠李清照,酬和太常少卿张耒《读中兴颂碑》,作了《浯溪中兴颂诗和张文潜二首》:

五十年功如电扫，华清花柳咸阳草。
五坊供奉斗鸡儿，酒肉堆中不知老。
胡兵忽自天上来，逆胡亦是奸雄才。
勤政楼前走胡马，珠翠踏尽香尘埃。
何为出战辄披靡，传置荔枝多马死。
尧功舜德本如天，安用区区纪文字。
著碑铭德真陋哉，乃令神鬼磨山崖。
子仪光弼不自猜，天心悔祸人心开。
夏商有鉴当深戒，简策汗青今具在。
君不见当时张说最多机，虽生已被姚崇卖。

君不见惊人废兴传天宝，中兴碑上今生草。
不知负国有奸雄，但说成功尊国老。
谁令妃子天上来，虢秦韩国皆天才。
花桑羯鼓玉方响，春风不敢生尘埃。
姓名谁复知安史，健儿猛将安眠死。
去天尺五抱瓮峰，峰头凿出开元字。
时移势去真可哀，奸人心丑深如崖。
西蜀万里尚能反，南内一闭何时开。
可怜孝德如天大，反使将军称好在。
呜呼，奴辈乃不能道辅国用事张后尊，乃能念春荠长安作斤卖。

此等才情与见识，叫众人无不欣赏赞叹。李清照顿时名动京城。

与此同时，礼部侍郎赵挺之正有一件叫他与夫人至为烦恼的家事。他家三郎赵明诚，已经到了适婚的年龄，却始终没有物色到一个称心如意的妻子人选。他与夫人千挑万选，找了好些个名门闺秀叫三郎选择，奈何三郎均不喜欢。

就在全家一筹莫展之际，父子俩同时瞧见了李清照的这篇诗词。父子二人在书房里点评了几句，对李格非家的小娘子盛赞不已。

尔后，赵明诚便回房中午睡。

那日午后，赵明诚睡了一觉，在梦中还读了一卷好书，可是醒来的时候，却忘了那书里究竟写的是什么内容。

赵挺之见他神情恍惚，又问道："三郎可还记得有什么只言片语？"

赵明诚想了想，说道："依稀记得，有几个字……言与司合，安上已脱，芝芙草拔。"

赵挺之有些不解，这是什么意思。

在一旁的赵挺之夫人闻言，眼中闪过一丝光芒，沉吟片刻，笑着说道："言与司合，乃'词'字也；安上已脱，乃'女'字也；芝芙草拔，乃'之''夫'二字也……明诚的梦中所述，应该是'词女之夫'四个字。"

"词女之夫乃是何意？"赵挺之越听越是糊涂。

赵夫人笑而不语，只拿起书案上的诗词，递到丈夫手里去。再回头，笑问儿子："三郎，你看李家小娘子如何？"

赵明诚的脸上终于露出笑容，当即向父母亲拜了一拜："全凭父亲、母亲做主。"

赵挺之这才恍然大悟，儿子的心思竟然藏得如此之深。

其实赵明诚与李清照，在去年的元宵节，便已相识。李清照的从兄李迥，与赵明诚本就是朋友，两人相识已久。去年元宵节，李迥与赵明诚相约去相国寺看花灯，他还带上了从妹李清照。赵明诚很早以前就读过李清照的诗词，对李清照的才情也甚是欣赏。

于是，那一年的初秋，赵家派了官媒来到李家，替赵家二郎求娶李家大娘子。

李家大娘子那一日感到很不好意思，写了一首《点绛唇》：

蹴罢秋千，起来慵整纤纤手。露浓花瘦，薄汗轻衣透。　见客入来，袜刬金钗溜。和羞走，倚门回首，却把青梅嗅。

如此娇羞，想来，赵家三郎，应当也是她心中所想的如意郎君罢。

3. 亦师，亦友，亦妻房

公元 1101 年，18 岁的李清照与 21 岁的赵明诚缔结良缘。

这是一对恩爱夫妻，佳偶良配。

赵明诚喜欢金石、字画、古玩，李清照便陪他四处搜罗；李清照喜欢填词吟诗，赵明诚便陪着她风花雪月。当时的赵明诚，还是一名太学生，没有入朝为官，所以有大把大把的时间，同李清照朝朝暮暮。

李清照对丈夫是满意的,她的娇羞妩媚,爱与依恋,都流露在笔下:

> 卖花担上,买得一支春欲放。泪染轻匀,犹带彤霞晓露痕。 怕郎猜道,奴面不如花面好。云鬓斜簪,徒要教郎比并看。

然而幸福的日子并未过多久,在他们新婚的第二年,李家发生了一件大事。

当时的朝廷内部排挤元祐旧臣。李清照的父亲李格非是"元祐党"苏轼的门生,因为名列"元祐党"而被罢官,并且,还被禁止在京城里任职,他必须携家眷返回原籍去。

在这个水深火热的时刻,李清照想要救一救自己的父亲,于是,便求助于公爹。

但是,却遭到了赵挺之的明确拒绝。

当时的政治局面颇为紧张,赵挺之的身份特殊,他实在是不敢出手相救。而李清照的丈夫赵明诚,更是不敢多言。

赵明诚还未出仕,唯恐多言就被牵扯进去,以致前途受损。

李清照虽然觉得有些难过,可也明白局势迫人,赵家也是为难。

因为受到党争的冲击,赵明诚的仕途并不平顺,也经常受到牵连。

1103年，赵明诚出仕，外出公干。

这是李清照第一次与丈夫分别，她耐不住相思之苦，在锦帕上写下了一首词《一剪梅》，寄给远方的他：

> 红藕香残玉簟秋，轻解罗裳，独上兰舟。云中谁寄锦书来？雁字回时，月满西楼。　　花自飘零水自流，一种相思，两处闲愁。此情无计可消除，才下眉头，却上心头。

到了1104年，随着党争愈发严重，朝廷出台了一项非常苛刻的规定：不得与元祐奸党子孙婚配。

这一次，谁也救不了李清照。

因为她的父亲李格非，便是传说中的"元祐奸党"，她不得不告别丈夫，离开京城，回到原籍娘家。

这一年的重阳节，李清照在老家作了一首《醉花阴》，寄给丈夫：

> 薄雾浓云愁永昼，瑞脑销金兽。佳节又重阳，玉枕纱厨，半夜凉初透。　　东篱把酒黄昏后，有暗香盈袖。莫道不销魂，帘卷西风，人比黄花瘦。

赵明诚收到这首词以后，感到非常惊艳。他很欣赏妻子的才华，也对妻子的诗词感到赞叹不已，但同时也想与妻子一较高下。

于是，赵明诚闭门谢客，潜心创作三天三夜，终于写出了五十阕词。

写了新词，就特别希望能够听到别人的点评。于是，20来岁的赵明诚，喜滋滋地将自己的词与妻子的词一道，送到友人陆德夫处，叫他品鉴。

陆德夫把玩再三，沉吟许久，最终说道："只三句绝佳。"

赵明诚一惊，赶忙追问："是哪三句呢？"

陆德夫指着李清照的词，说："莫道不销魂，帘卷西风，人比黄花瘦。"

赵明诚有些尴尬，也有些窘迫，但他对自己的妻子心服口服，甘拜下风，对李清照是又敬又爱，也曾敬赞她"亦师，亦友，亦妻房"。

两人虽然两地离愁，却也鸿雁传书，琴瑟和鸣，在风起云涌的时代里，将艰难的生活过得颇有意思。

1106年正月，徽宗大赦天下，解除了党人之禁。李清照也终于不必继续留在家乡。她回到汴京，与丈夫赵明诚团聚。然而第二年，又因为蔡京的缘故，李清照的公爹赵挺之被罢官。

罢官之后没多久，赵挺之就生病去世了。

紧接着，深受党争之苦的赵明诚也被罢了官。

"亦师，亦友，亦妻房"的李清照，只能随着丈夫，回到他的老家青州生活。

4. 赌书泼茶

隐居在老家的日子，虽然看起来似乎前途渺茫，但远离政治旋涡，每日里赏花赏月，赏风赏雨，夫妻俩倒也过得十分惬意。

李清照在《金石录·后序》中写道：

> 余性偶强记，每饭罢，坐归来堂，烹茶，指堆积书史，言某事在某书、某卷、第几叶、第几行，以中否角胜负，为饮茶先后。中，即举杯大笑，至茶倾覆怀中，反不得饮而起。甘心老是乡矣！

李清照与丈夫都喜欢读书，喜欢藏书。夫妻俩可谓志同道合，常常在饭后煮茶之时，用比赛的方式来决定饮茶的先后。

这个游戏是这样玩的：一个人发问，某某典故是出自哪本书，哪卷第几页第几行，假如对方答中了，便要先喝。可是赢了的人，往往因为太过开心，反而将茶水泼得满身都是。

到了几百年后的清朝，才子纳兰容若有感于李清照与赵明诚的美满爱情，也为了思悼亡妻卢氏，于是写下了"赌书消得泼茶香，当时只道是寻常"的佳句。

可当时的赵氏夫妇，并未想过自己的婚姻会成为后世伉俪情深的范本。

他们之间的感情，也因为时间与时局的变化，而违背了最初的模样。

赵明诚热衷于收藏金石古籍，为的不是赏玩，而是想要考证古时圣贤的遗迹及君臣的行事情况。

但是，他对于金石古玩的热爱，已经超过了对李清照的感情。

在李清照的笔下，有过这样的记述：

> 收书既成，归来堂起书库大橱，簿甲乙，置书册。如要讲读，即请钥上簿，关出卷帙。或少损污，必惩责揩完涂改，不复向时之坦夷也。是欲求适意而反取惨栗。余性不耐，始谋食去重肉，衣去重采，首无明珠翡翠之饰，室无涂金刺绣之具，遇书史百家字不刓阙、本不讹谬者，辄市之，储作副本……于是几案罗列，枕席枕藉，意会心谋，目往神授，乐在声色狗马之上。

这些文字对于对爱情存在幻想的人来说，到底有些残酷。

赵明诚热爱金石与藏书，他的这种热爱胜过一切。他将收集的古籍、宝贝等等，统统都锁在了一个书库里。即便是李清照想要看看，也得在本子上进行登记。假如她不小心把东西弄坏、弄脏了，还会遭到赵明诚的惩罚。

至于李清照，她更喜欢读书。为了能够继续读到新书，她不得不节衣缩食，省吃俭用，才能用省下来的钱去买书。

时间摇摇晃晃，转眼就到了1127年。

这一年，发生了"靖康之耻"。

朝廷需要重组，赵明诚也因此被重新起用，任命为江宁知府。

时局紧迫，赵明诚即刻启程，先去赴任。而孱弱多病的李清照暂时留在家乡，她要将家中的书籍古玩整理出来，一并带到江宁。足足整理了十五车啊。她带着这十五车书籍古玩，一路颠沛流离，终于来到江宁，与丈夫团聚。

在江宁生活时，李清照常常会思念已经失陷的汴京。

她在《蝶恋花》的词中写道：

> 永夜厌厌欢意少，空梦长安，认取长安道。

然而身在乱世，安稳是何其奢侈的事情。在江宁的生活没过多久，赵明诚又被罢官了。

迫于无奈，他只能带着李清照辗转于芜湖、姑孰等地，最后才定在了池阳，也就是现在的安徽池州。

在安徽池州，李清照有感于家国命运，也对南宋朝廷消极抗敌的态度感到十分悲愤，于是写下了流传千古的爱国诗句：

> 生当作人杰，死亦为鬼雄。
> 至今思项羽，不肯过江东。

同时，在这个柔弱女子的笔下，还写出了许多首铿锵有力、豪气万千的爱国诗篇。

譬如：

欲将血泪寄山河，去洒东山一抔土。

又如：

嘉祐与建中，为政有皋夔。
匈奴畏王商，吐蕃尊子仪。
夷狄已破胆，将命公所宜。

后世的人们再提起她时，无不为之赞叹。李清照不仅文笔清丽，还忧国忧民，胸襟广阔。

然而正是这样一位奇女子，命运却总是爱和她开玩笑。

1129年五月，朝廷任命赵明诚为湖州知州，皇帝请他赴任之前，先上殿朝见。

当时战乱不断，硝烟四起，朝廷的处境堪忧。

赵明诚与李清照在池阳分别。鉴于过去几次颠沛流离，这一次李清照决定先留下来，等丈夫安顿好了再前去相会。

分别那日是六月十三，船要靠岸了，李清照温柔叮嘱赵明诚："官人到了湖州，定要及时修书与我，莫要叫我担心。"

赵明诚叹了口气，说道："娘子也要多加保重。"

正说着，船已靠岸。

随行的厮儿挑起行李，同赵明诚一道，舍舟登岸。

那一日天气晴好，赵明诚穿了一件夏布衣衫，将覆盖前额的头巾翻了起来。他精神如虎，目光炯炯，同妻子挥手道别。

眼见着等候已久的马儿过来，就要驮着丈夫离去，李清照的情绪非常糟糕。她的心中还有担忧，又问："官人，如若是遇见了歹徒来犯，我又应当怎么办呢？这些宝贝，又该如何处理？"

已经上马的赵明诚伸出两个手指，远远地答应道："跟随众人吧。实在万不得已，娘子可先丢掉包裹箱笼，再丢掉衣服被褥，次之丢掉书册卷轴，最后，才丢掉古董。但是那些宗庙祭器和礼乐之器，必须抱着背着，与自身共存亡，娘子千万别忘了！"

说罢，便策马而去。

李清照看着他远去的背影，心中失落不已。

可她没有想到，这一次告别，将是永别。从此以后，丈夫再也无法与她赌书泼茶，咏月看花。

此时正值盛夏，酷暑难耐。赵明诚为了早日赴任，一路不停奔驰赶路，等他到达皇帝驻跸的建康时，已经罹患疟疾。

到了七月底，李清照才收到丈夫的来信，知道他病倒了。李清照又惊又怕，乘船东下，一个昼夜赶了三百里路。等到达以后，才知道丈夫服用了大量的柴胡、黄芩等凉药，而疟疾加上痢疾，人早已病入膏肓，危在旦夕。

八月十八日，赵明诚便不再起来。他取笔作诗，绝笔而终，此外更没有"分香卖履"之类的遗嘱。时年49岁。

李清照悲痛欲绝，安排了丈夫的后事，写下了《祭赵湖州文》：

> 白日正中，叹庞翁之机捷；
> 坚城自堕，怜杞妇之悲深。

赵明诚死后，李清照茫然不知所措，不知未来该往哪里去才好。当时皇帝把后宫的嫔妃全部遣散了，又听说长江要禁渡，一时之间，人心惶惶。

而当时，李清照的家中还有藏书两万卷，金石刻两千卷，以及所有的器皿、被褥，还可以供百余人所用。至于其他物品，数量也与此相当。

在乱世当中，想要守护这一大堆的东西，何其艰难？李清照生了一场大病，病得很重，奄奄一息，便想着不如将这些书籍与器物都送到赵明诚在做兵部侍郎的妹婿家去。

于是，李清照将其整理成车，叫了家中的奴仆押运。

奈何时局混乱，这些东西在路上如云烟一般地消失了。

最后只剩下少许藏书与古董留在李清照的身边。李清照带着这少许的字画古董，当即投奔在朝廷做敕局删定官的弟弟李迒。

1132年，李清照来到杭州。

在这里，她将遇见她人生当中最大的一个挫折。

5. 物是人非事事休，欲语泪先流

1132 年，李清照跟着弟弟李迒一起在杭州生活。

时任右承奉郎的张汝舟上门求亲。

当时寄人篱下、贫病交加的李清照，以为这是人生带给她的幸运，便义无反顾地嫁了。

可是嫁过去之后，才发现张汝舟的目的并非是与她白头偕老，而是觊觎她所收藏的金石古玩。然而那个时候，李清照与赵明诚的金石古玩，早已经在战乱当中所剩无几了。现存仅有的这些宝物，李清照死命保护，无论如何也不肯转让。

这令张汝舟恼羞成怒，对李清照拳脚交加，甚至想要取她性命。

鼻青脸肿的李清照，非常冷静地回到了弟弟家中。

李迒看姐姐被打成这样，十分恼怒，要姐姐与张汝舟和离。

但张汝舟根本就不愿意写休书。

李清照见状，明白只有鱼死网破一条路可以走。她毫不犹豫，迅速搜集了张汝舟谎报举数，利用欺骗手段获取官位的证据，向朝廷举报告发了张汝舟。

张汝舟因此被削去官职。

李清照也如愿以偿地解除了婚约。但同时，她也因此获罪，要坐两年的牢。

时任翰林学士的綦崇礼等人，帮忙斡旋说情，李清照的牢狱之灾才从两年变成了九天。

出狱之后，李清照特意写了一封名为《投翰林学士綦崇礼启》的书信，表示感谢。

这封书信流传下来，也成为她坎坷人生的一个记号。

回想起自己过往的痛苦遭遇，李清照也忍不住悲叹：

风住尘香花已尽，日晚倦梳头。物是人非事事休，欲语泪先流。　闻说双溪春尚好，也拟泛轻舟。只恐双溪舴艋舟，载不动、许多愁。

此时的李清照，已经50岁了。

绍兴六年，也就是1136年，52岁的李清照再次来到杭州。她寄居在余杭门外的西马塍，着手完成与赵明诚多年前合作的《金石录》之未了之事。

在李清照人生的最后20多年里，她一直都生活在杭州。但却少有人知道，她住在哪里，最后，又去了哪里。

6. 过眼西湖无一句，易安心事岳王知

在临安城西湖之畔，有一座山，不高不矮，不大不小。山间花木繁森，郁郁葱葱，山脚下碧波环绕。每至春秋两季，早晚皆是雾气腾腾，叫人心旷神怡。到了冬天，初雪之后，这里更是美得不像人间。

清照亭

　　有人描述，雪后之山——兀峙水中，后带葛岭，高低层叠，朔雪平铺；日光初照，与全湖波光相激射，璀璨夺目。泛舟湖上，如见琼楼玉宇，遍山一色银装。

　　这里是孤山。

　　在孤山之上的树林里，隐匿着一座朴素却又干净的府邸。府邸周围的邻居，只知道这家主人姓李，人口也颇为兴旺，听说父亲是做官的，但似乎官位不高，家中也很清贫。

　　十来口人奉养着一位慈眉善目的老太太，听称呼，是这家主人的姑母。

　　老太太脾气不大好，虽然少言寡语，可总能一语中的，将人怼得哑口无语。

　　大雪已经下了好些天，整个孤山银装素裹，有一种与世隔绝的清冷明艳。

李家那位坏脾气的老太太，躺在床上已经好些天了。

她什么也吃不下，只能勉为其难地喝少许米汤。

十二岁的李綮，作为李家最年轻的人，一个上午跑了三趟厨房，每一趟都是让母亲为太姑祖母温一温米汤，他再一勺一勺地喂进太姑祖母嘴里。

可这一次，他刚刚冲进厨房，便听见母亲与祖母低声议论说："姑祖母这一次，恐怕是熬不过去了……"

祖母叹了口气："七十多岁的人了，一辈子漂泊无定，想必她老人家也是倦了。"

李綮闻言，眼泪夺眶而出，跺脚吼道："你们骗人！"

便扔了碗，转身往太姑祖母房里跑去。

太姑祖母的房间布置也非常简朴，但床头上却始终放着一沓书。她是那样爱书的人哪，宁可一天不吃饭，也不能一天不读书。

李綮扑到太姑祖母的床边，哭着说："綮哥儿不让太姑祖母死，太姑祖母长命百岁，太姑祖母不要死……"

躺在床上的老太太，脸上露出了一个笑容。她已经没有力气去摸这个孩子的脸了，甚至连说话都感到很吃力。

她看着这个孩子笑，用了十足的力气，才勉强说道："綮哥儿啊……"

"太姑祖母……"

"太姑祖母……死后啊……千万不要告诉他们……"

"太姑祖母，您说什么？"

老太太的眼中闪过一丝顽皮。

李綮有些愕然，停止了哭泣，将耳朵凑近太姑祖母。

老太太笑着说："悄悄摸摸地埋了……也别祭拜……也别烧纸……俗气……"

说完这话，老太太的嘴角含着一丝笑意，阖眼而去。

李綮抬起头来，再三呼唤，呼唤不醒。他最终跑出门去，通知父母。

片刻之后，这家府邸传出了李家人的号啕大哭："易安居士去了……"

公元 1155 年，李清照去世。

关于她的坟墓在哪里，至今仍有争议。

有人说她晚年凄苦，无依无靠，死在了一个巷子里。

有人说，李清照死后，李远一家带着她的尸骨迁徙，离开了杭州，在他乡隐姓埋名。

还有人说，李清照一直跟着弟弟李远生活，后事由李远的子嗣料理，悄无声息地安葬在了孤山之上。由于时局不定，所以未立碑冢。

但令人倍感蹊跷的是，在杭州生活了20多年的李清照，写了数不清的诗词歌赋与文章，为什么却对西湖只字不提呢？

大约在八百年后，有一位名叫夏承焘的学者，作出了分析："过眼西湖无一句，易安心事岳王知。"

李清照这样一个奇女子啊，她一生颠沛流离，清苦坎坷。

年轻的时候笔调清丽。待到年老时，她的心中装下更多的，是忧国忧民。

又哪里还有心思去看去叹去歌颂书写那西湖的美景呢？

参考文献

1. 游国恩、王起、萧涤非等主编：《中国文学史》，人民文学出版社，2002年。
2. 陈祖美主编：《李清照作品赏析集》，巴蜀书社，1992年。
3. 俞丽萍：《此情无计可消除——浅议宋代女词人李清照词的艺术魅力》，《陕西广播电视大学学报》2012年第1期。
4. 〔宋〕李清照：《金石录·后序》。
5. 〔元〕脱脱等：《宋史》。

第七章

画自女中佼——南宋杨桂枝

【人物档案】

姓名：杨桂枝

别名：杨妹子、则剧孩儿

年代：南宋

民族：汉族

出生时间：1162 年

去世时间：1232 年

出生地：严州府青溪县（即现在的杭州淳安）

代表作：《杨太后宫词》

书法作品：《道德经》

书画作品：《樱桃黄鹂图》《百花图卷》（疑似）

尊号：寿明仁福慈睿皇太后

谥号：恭圣仁烈皇后

点评：杨桂枝出身低微，深知民间疾苦，所以奏请宁宗"尽免两浙生子钱"，为两浙人口增长做出了贡献。在艺术造诣以及存世瑰宝的知名度上，杨桂枝也在历史上留下了深深的足迹。她熟读史书，知古今，工诗擅画，留下了《杨太后宫词》、《道德经》书法、《百花图卷》等不朽的作品。作为皇后，能够拥有这样的艺术成就，是非常可贵的。

清朝乾隆皇帝也曾为她御题诗作一首，加以称赞：

庆元有杨后，可是出关西。

画自女中佼，书将帝与齐。

风枝如向日，雪絮不沾泥。

设较谢家句，一筹当让亏。

1. 则剧孩儿杨妹子

公元 1174 年，南宋淳熙元年。

这一年的秋天十分闷热，直到深秋，凉意才姗姗来迟。可这一来，却也是挟风带雨，漫天盖地。不过是一夜的工夫，便叫整个临安城的地面上都铺满了枯黄的落叶，天气也骤然变得冷了许多。

这一日下了早朝，官家照旧到德寿宫里来坐了一会儿，跟德寿宫那位寿圣明慈太上皇后聊一聊当日里的政事。因着公务繁多，半个时辰不到，官家便起身离开了，也没留下来用午膳。

吴太后一个人用膳，觉得有些乏味，只吃了两口，便搁了玉箸。她一抬眼，便瞧见窗外的桂花开了，像挂了满树的细碎金子似的。这桂花虽小，却散发着沁人心脾的幽香，甚是撩人。

吴太后顿时来了赏花的兴致。她嘱咐近旁的宫女，说："阿福，去把乐部头张氏唤来。今日膳后，咱们一边儿吃着桂花酒，一边听她唱曲儿。"

阿福闻言，有些诧异。

吴太后过去确实喜欢听张氏唱歌，可这会儿却是有两月未曾召唤过张氏了，现如今，张氏却也来不了……

犹豫再三，阿福还是说道："回禀太后，张氏已于月前因病身故了。"

"哦？此事为何从未听你提起？"

"前些日子，太后娘娘身体欠安，奴婢恐您忧心，便未能及时禀报。"

"唉……"吴太后面露惜才之色，叹道，"可惜了张氏……一把好嗓子，便如此没了。"

"张氏虽然没了，但她的女儿颇为聪慧伶俐，不仅诗词歌赋小有造诣，还书画双绝，且弹了一手好琵琶。"

"哦？有这般伶俐的丫头，召来本宫瞧瞧。"

"奴婢这就去。"

一个时辰后，德寿宫里来了个娇小可人的俏白丫头——她十二三岁的光景，身量不高，怀里抱着个琵琶，象牙般白皙的脸上长了一双灵秀逼人的眸子，正怯怯地瞧着眼前华衣丽服的婆婆。

吴太后见她长得漂亮，便冲她招了招手："来，跟本宫讲讲，你叫什么名字？"

小丫头近到太上皇后的跟前，低声说道："回禀太上皇后，宫中其他人都管奴婢叫则剧孩儿……"

"则剧孩儿……"吴太后的目光落在小丫头抱在怀里的琵琶上。

张氏是歌伶，便教养了女儿做伴奏。看她小小年纪，手指上却生了厚厚的一层茧，想必是每日里也在勤学苦练。

吴太后心生怜悯，便问："家里人叫你什么呢？"

"奴婢没有家里人……不过，先母唤奴婢叫'杨妹子'……"

"杨妹子……"吴太后慈祥一笑，同她说道，"杨妹子，你给本宫弹一曲吧。"

"奴婢遵命。"

阿福旋即搬来了一个凳子。觉得小丫头坐在屋内不太妥当，便给挪到院子里的桂花树下去。

小丫头也不怯场，一曲《阳春白雪》在稚嫩的手指之下流泻而出，迅速地在这宫殿里铺陈开来。

吴太后眼中掠过一丝惊讶，接着又感到十分欣慰。

待杨妹子一曲弹罢，吴太后笑着说："丫头，今后就留在本宫身边吧，本宫给你赐个名儿……"她瞧见了那棵桂花树，便笑了笑，说："不如，就叫桂枝吧……"

小丫头一愣，不明其意，傻傻地看着吴太后。

阿福见状，连忙碰了碰她瘦削的脊背，低声提醒："还不快向太上皇后谢恩！"

小丫头这才反应过来，扑通一声跪下磕头："桂枝丫头领太上皇后懿旨，谢太上皇后隆恩！"

2. 扶帝上位

石火光阴，居诸不息。

转眼间，那个十来岁的小姑娘来到皇城竟然已有20年。

这20年的光阴里，太上皇后也在高宗的遗诏中，被改称为吴太后。而吴太后一直居住的这间宫殿，原先叫作"德寿宫"，现如今也被改称为"慈福殿"。

这一年，是1194年，绍熙五年。

正月里，宫里比往常更热闹。明日，官家要率领群臣为寿圣皇太后行庆寿礼，慈福殿上上下下不敢大意，唯恐出了什么岔子。

吴太后近旁的宫女桂枝倒是淡定自若，不见丝毫慌张。昨夜的雪刚停，便搀着老太后赏梅去了。

大雪初霁，蜡梅花儿静静地伫立在皑皑白雪中，凌寒独放，暗香疏影。

梅林深处，有间亭子，早就围上了暖棚。

桂枝嘱咐宫人们再多添两盆炭火，然后拿出了棋子，要与老太后在这雪后的梅林当中对弈玩耍。

老太后虽已八十，却是精神抖擞，神采奕奕。

布好棋局，老太后微微一笑，说道："西晋有位壮武郡公，著有一书，名唤《博物志》。在这《博物志》里头啊，说围棋是帝尧为了教导他的儿子丹朱而造的，后来帝舜，也用围棋来教导他的儿子商均。"

"上古圣帝智慧。便是这围棋，叫奴婢悟出了不少道理。"

一旁伺候的阿福已经很老了，但还是颇有些好奇，问道："哦？桂枝丫头悟了什么道？"

杨桂枝微微一笑，说："下围棋，分开局布局、中盘实战和尾盘收官三大阶段。福嬷嬷您瞧瞧，这像不像人生啊？围棋需要一步一步地下，人生也需要一步一步地走。下棋，落子无悔；人生的抉择，也是覆水难收。倘若一步踏错，便是满盘皆输。"

福嬷嬷恍然大悟，瞧着杨桂枝，钦佩不已。

老太后却是笑而不语。

下了几子，老太后赞道："桂枝丫头的棋艺，可真是愈发的精湛了。"

杨桂枝起身为老太后斟了一杯热茶，又坐回到棋盘跟前去，说："奴婢的棋艺，还是老太后您亲自教的呢。"

恭圣仁烈皇后宅遗址踏步遗迹

老太后笑道："围棋之道，知其黑，守其白，为天下式。与人生的法则相同，也是悟道的一种方式。"

杨桂枝闻言，起身向老太后行了礼，谢道："桂枝谢老太后教诲。"

老太后与阿福相视一笑，欣慰至极。

正当此时，守在梅林口子上的宫人前来禀报："启禀老太后，嘉王求见。"

老太后道："宣。"

不一会儿，一名器宇轩昂的青年便立于暖亭之外，恭敬禀道："曾孙儿向大娘娘请安。"

"嘉王莫要在雪地里给冻着了，快到大娘娘身边来。"

杨桂枝此时已经起身，替嘉王撩开了帘子。

嘉王向她点了点头，微微一笑。

老太后赐了座，嘉王坐着有些拘谨。桂枝为他倒了茶水，他客气说道："谢谢姑娘。"

说话间，两人四目相接，嘉王目光炯炯，暗潮汹涌。

桂枝的脸微微一红，退到了吴太后的身后去。

老太后询问了嘉王的近况。嘉王一一答完之后，又说了明日的庆寿礼上，父亲叫他伺候在老太后的身边。他怕自己出了岔子，所以提早一日前来拜见老太后。

吴太后听闻此言，对于皇帝的安排，心中大约有了谱子。当今皇帝没有设立太子，未来帝位将属谁人，虽然还未公布，但大约也是八九不离十了。

对于眼前的青年，她做到了一个长辈的叮嘱："嘉王平时要多读书，读书可以辨邪正；至于治国安民，则是要以立纲常为先。"

嘉王连连点头，他自然明白老人家的良苦用心。

品茶之际，他瞧了一眼跟前的棋盘，发现杨桂枝的棋局咄咄逼人，竟然略胜一筹。她对吴太后，显然没有丝毫忌惮。

果然如传闻中所说，杨桂枝是吴太后跟前的红人，吴太后对她宠爱有加。

就在这一年的六月，孝宗皇帝去世。他的儿子光宗皇帝因为身体抱恙，于是由太皇太后代为主持祭奠之礼。

而群臣，又以此为契机，奏请光宗立嘉王为王储。

光宗觉得此事甚妥，批示：历事岁久，念欲退闲。

于是，在孝宗的灵柩之前，太皇太后吴氏将嘉王赵扩扶上帝位，史称宋宁宗。

3. 为妃为后

为了感恩大娘娘，此后每日，宁宗皇帝都到慈福殿里请安，向大娘娘讨教治国之道。

同时，也与大娘娘身边的大宫女桂枝，讨论诗词歌赋，对弈作画。

有一日，杨桂枝同宁宗皇帝对弈，赢了宁宗皇帝。

伺候在一旁的阿福瞧见了，心中不免有些忐忑。毕竟官家不比太后，处处都会让着桂枝丫头。

谁料到，杨桂枝笑着吟道：

薰风宫殿日长时，静运天机一局棋。
国手人人饶处看，须知圣算出新奇。

尔后，起身向宁宗皇帝微微一福，说道："官家，承让了！"

宁宗瞧着她笑，她低下头，娇羞不已。

这一切，都落在了阿福的眼里。

当日夜里，阿福在伺候老太后歇息之时，提起了日里看见的一切。

老太后闻言，慈祥的脸庞上看不出有什么特别的表情。

庆元元年（1195）二月的一个午后，慈福殿里来了一位特殊的客人。

他是武德郎杨次山。

显然，他知道太后召他前来是为何事。见着杨桂枝时,他微微一笑,同她打了招呼。

吴太后对杨桂枝说道:"桂枝丫头,你出身轻微,本宫如若哪日不在了,怕你今后无人可以依靠。今日本宫做主,给你认个族兄。"说着,吴太后又指向杨次山,说道:"去拜一拜你的兄长吧。"

杨桂枝自然明白吴太后的苦心,于是行至杨次山跟前,屈身一拜:"桂枝拜见大哥!"

杨次山连忙还礼:"小妹速速请起。"

杨桂枝拜了杨次山,从此不再是无依无靠的则剧孩儿,她进入了杨家族谱。

次月,吴太后摆了一桌酒菜,请了宁宗赵扩前来用膳。席间,吴太后将杨桂枝的手放入宁宗的掌心里,叮嘱道:"官家,今后,可要好好待她啊。"

官家应许:"曾孙儿多谢大娘娘成全。"

杨桂枝也连忙磕头谢恩。

当日,杨桂枝被吴太后赐给宁宗赵扩,获封平乐郡夫人。

三年后,吴太后仙逝,时年83岁。

同年,杨桂枝晋封婕妤。

4. 才女杨桂枝

岁月缓缓地流淌着，朝着杨桂枝的后半生，送来了无限的荣光。

没过几年，杨桂枝便获封婉仪、贵妃……

嘉泰二年（1202），杨桂枝获封皇后。至此，作为一个女人，她的社会地位已至顶峰。

虽然贵为皇后，可在历史长河里，杨桂枝这位皇后却是别具一格的。她吟诗，作画，下棋，写字……以"杨妹子"署名，留下了不少千古流传的作品。

宋理宗为其题写书名的《杨太后宫词》当中，共收录杨桂枝作品50首。在她的家乡，今天淳安县里商乡杨家村保存的《弘农杨氏宗谱》当中，也刻录有杨皇后诗作30首。

在杨皇后的多首宫词当中，有立意非常大气，为家国朝政忧心的诗作——

思贤梦寐过商宗，右武崇儒帝道隆。
总览权纲求治理，群臣臧否疏屏风。

也有婉约抒情的：

后院深沉景物幽，奇花名竹弄春柔。
翠华经岁无游幸，多少亭台废不修。

除此之外，杨桂枝在书画方面，也很有造诣。

云山已作蛾眉浅

HANG ZHOU

人能無著便無愁
萬境相侵一笑休
豈但中秋堪宴賞
涼天佳月即中秋

相逢幸遇佳時節
月下花前且把盃

〔宋〕杨桂枝《月下把杯图》

上海博物馆收藏的《樱桃黄鹂图》、天津博物馆收藏的《月下把杯图》、吉林省博物馆收藏的《百花图卷》、美国纽约大都会博物馆收藏的《蔷薇诗》团扇、美国普林斯顿大学图书馆收藏的《七言诗》等等，都被史学家们判定为杨桂枝的作品。

对于她的书法，业内专家也给予了极高的评价，称之"波撇秀颖，妍媚之态，映带缥缃"。

这样一位才女，为我国历史上的皇后群体，画上了清新淡雅的一笔。

公元1232年，已贵为皇太后的杨桂枝，在慈明殿去世，时年71岁。

谥号恭圣仁烈皇后，陪葬在宁宗赵扩的攒宫永茂陵。

参考文献

1.〔宋〕叶绍翁：《四朝闻见录·慈明》。
2.〔明〕田汝成：《西湖游览志余》。
3.〔元〕脱脱、阿鲁图等：《宋史·卷二百四十三列传第二》。

第八章 人间亦有痴于我——明末冯小青

【人物档案】

姓名：冯元元

别名：冯小青

民族：汉

出生地：广陵（今江苏扬州）

出生时间：1617 年

去世时间：1635 年

职业：词人、诗人

代表作：《寄杨夫人诗》《绝句》

人物点评：据明末清初的史学家、文学家张岱在《西湖梦寻》中所载，冯小青是明朝时期一个才华出众却又身世不幸的奇女子。
《女才子书》中小青卷雪庐主人则曰：千百年来，艳女、才女、怨女，未有一人如小青者。
还有人点评，冯小青是《红楼梦》中林黛玉的人物原型。

相关景区：孤山冯小青墓

1. 诸法空相

三月，春风吹暖了扬州城，满城的杨柳吐出了新芽。瘦西湖上，一片嫩绿。

春色旖旎，行人的步伐也跟着稍微缓慢了些许，唯恐走得快了，就错过了春光。

徐徐春风里，一位 50 来岁，身着灰色袍子的老尼姑，仿佛乘风而来。她走得甚是急切，急切到令路人纷纷侧目——这老尼姑究竟是要去赴谁的约？

最终，老尼姑的脚步停在了广陵太守府的大门口。

此刻的广陵太守府内，正有人弹奏着一支不知名的古琴曲。曲声悠扬，顺风飘出门来，再送进路人的耳朵里。

也不知那弹琴的究竟是什么人，曲调之中竟然藏有几分禅意。

老尼姑打量了一番，只见太守府门外，有两个洒扫的丫鬟正在窃窃私语。

她们的对话，也传进了老尼姑的耳朵里：

"听说咱们扬州城内，有一种女子私塾，专门挑选贫困人家的女儿回家畜养，俗称'瘦马'。这'瘦马'呀，还有专门的私塾老师教给歌舞与琴棋书画等技艺呢，听说是要等她们长大了以后，再卖给富人做妾，或者是送入秦楼楚馆呢。"

"啧啧，怎么会有如此之事！"

"可不是嘛。"说这话的丫鬟，又压低了一些声调，说，"我听说呀，今日来咱们太守府教小姐弹琴的那一位女先生，也在教'瘦马'们弹琴呢。"

"呀，咱们夫人知道吗？"

"知道的呀。"

"啧啧，啧啧，夫人这是意欲如何呀？"

两个饶舌的丫鬟彼此互看一眼，又彼此会意地撇了撇嘴。

幸亏她们此时住口了——她们家夫人正好送女先生出门。

老尼姑待女主人送完客，便上前一步，说道："女菩萨，贫尼行路匆忙，有些干渴，不知可否向女菩萨讨一杯水来喝？"

夫人心地也是慈悲，见是个尼姑，便将她请入了家中。

老尼姑随着夫人走过回廊，抬眼一看，瞧见园子当中的亭子里，坐着个容貌清秀的小姑娘，正专注地弹奏着一把古琴。

老尼姑同夫人赞道："小姐面相不凡，定然聪颖智慧。"

听见老尼姑这么说，夫人自然高兴，请了老尼姑在亭子里坐下，又吩咐下人准备茶点。

老尼姑面带微笑，静静地听完一曲，尔后又同小姑娘说道："贫尼想教小姐一段文章，不知小姐是否有兴趣试试？"

小姑娘好奇心盛，立即高兴地答应了。

老尼姑旋即闭目合手，念了好长一段佛经。

夫人在一旁听了，不禁微微皱眉。这样长的佛经，也不知道究竟讲的是个什么道理，女儿能听得懂吗？

哪里料到，小姑娘还以为老尼姑是母亲请来的考官，听完之后，莞尔一笑，当即也闭上眼睛，念道："舍利子，是诸法空相，不生不灭，不垢不净，不增不减。是故空中无色，无受想行识，无眼耳鼻舌身意，无色声香味触法，无眼界乃至无意识界，无无明亦无无明尽，乃至无老死，亦无老死尽，无苦集灭道，无智亦无得。菩提萨埵，依般若波罗蜜多故，心无挂碍；无挂碍故，无有恐怖。远离颠倒梦想，究竟涅槃。"

这么长一段，竟然一字不差。

老尼姑感到非常惊讶，夫人却觉得十分得意。

老尼姑盯着眼前的小丫头半晌，尔后转身，对夫人说道："夫人，令爱早慧但命薄，不如舍与贫尼做弟子吧……"

夫人断然没有想到，这个从外面来的老尼姑，竟然存了这样的心思。她大吃一惊，愕然说道："家中只此一女，上下都宝贝得紧，又如何舍得她跟随师太出家修行去呢……"

老尼姑闻言叹息，自知天意难违，便又再次说道："如若夫人不忍割舍，倒也无妨，但还望夫人勿要教导小姐读书识字。若肯听此劝告，兴许小姐可有三十年阳寿。"

此言一出，夫人已面露不悦之色，一把搂过女儿并捂住她的耳朵，对老尼姑说："到底是从哪里来的老尼姑，竟然这般无礼，尽瞎说些什么瞎话疯话。"

老尼姑知道自己惹恼了她，便没再多做解释，只双手合十，念了一声"阿弥陀佛"，就告辞了。

送走了老尼姑，夫人便将她的那些话抛在了脑后，还叮嘱女儿："小青，你再弹一遍，弹完了喝碗桃花羹，就回书房接着练字。"

"是，母亲，孩儿遵命。"冯小青低声应道，然后继续练习。

但她的目光却忍不住朝那老尼姑离开的方向看去。

方才老尼姑所教授的佛经，虽然她不明白讲的到底是个什么意思，但恍惚之间，又总觉得似乎与她昨夜里的梦境有些关系。

昨夜，她梦见自己摘了一朵漂亮的白梅。可那花儿刚到手中，花瓣儿就掉落了下来，一片一片地落在水里，落得煞是好看，也煞是凄凉。

花瓣儿落尽了，她的生命，也走到了尽头……

2. 不情不绪谁能晓

流光易逝，弹指之间，冯小青已满 16 岁。

这些年里，冯家府中遭遇变故，早已败落。父亲亡故之后，冯小青与母亲相依为命，住在扬州城的郊外。

有一日，家中突然来了一位同样姓冯的公子。据说他是杭州人士，商贾人家，家境颇为殷实富有。此次前来，冯公子是闻了冯小青"丰神绝世，才韵无双"的才女美名，想娶来做侧室。

冯小青原以为母亲会断然拒绝，毕竟自己也算是个世家闺秀，哪有嫁给他人做妾的道理？

她哪里晓得，母亲见到丰厚的聘礼之后，竟然答应了这门亲事。

冯小青气得哭了。

"母亲，女儿不嫁……"

"女人的一生，终究是要嫁人生子的，我们家早年

冯小青墓

虽是世家，可这些年，你父亲亡故，家中没有一个男子可以依靠，早已败落不堪。我瞧这冯家，毕竟也是富豪之家，倘若你嫁过去了，也是不亏的。至少可保你一生衣食无忧。"

当然，有了这样富有的一个女婿，也能保她余生衣食无忧。

冯小青含泪看着母亲，悲凉地问道："母亲悉心培养女儿，不问女儿将来是否幸福，却只想着衣食无忧……莫非母亲含辛茹苦地教导女儿，为的就是拿女儿的终身幸福来换取钱财吗？"

冯小青的疑惑，换来的是母亲的一记耳光。

这一记耳光，将冯小青打清醒了。

她陡然想起六年前，找上门来要水喝的老尼姑。

也想起了六年前的那个奇怪的梦……她梦见一朵漂亮的白梅，花瓣儿像雨一般地掉落在水里……

她黯然叹息。本是随波逐流之辈，哪里又能决定自己的命运呢？

在见到冯生之前，冯小青心中对于未来还是很有期冀的。

倘若命好，能遇上个如意郎君，两人志趣相投，在一起烧雪品茶，赌书泼茶，倒也不失为一件幸运之事。

可这冯生是富商大贾，常年浸淫吃喝应酬，形貌体态，早已不是翩翩公子，甚至一塌糊涂。

在后世的传记里，形容冯生的外貌，颇不客气地用了八个字：嘈唛威施，憨跳不韵。

便是说这人不仅长得不好，还不够庄重，更莫要说什么学识与文化了。小青想要与他品茶谈诗，那应当是件不太可能的事。

亲娘不疼，也未能嫁得良人，年仅16岁的冯小青便如浮萍一般，随着夫君来到了杭州。

彼时秋风萧瑟，漫天的落叶飘零，正如冯小青的心情一般，每况愈下。

还以为冯生会体面风光地迎她过门，却未想到，来到冯府之后，他先是将她安排在门房里，然后才小心翼翼地入得院内。

听说，他是要先向家中的娘子禀报。

这色胆包天私自纳妾的男人，竟然还是个惧内的主？

冯小青待在冯生家的门房里，觉得有些难堪。她也不敢坐，也不敢站，畏畏缩缩地靠在墙壁上，怯怯地偷听着从院内传来的争吵声。

陪着她一起的，除了看守门房的老伯，还有一个瘦小体弱的白发老仆妇。听门房老伯唤她花婆婆。

院内传来的，是冯生正室崔氏的怒吼声。从争吵的内容来看，冯生纳妾，并未经过夫人的允许。而崔氏的愤怒，已经到达了顶点。

难怪冯生不敢让自己进门。

冯小青对于未来，感到更加忐忑了。

花婆婆为她端来一碗茶，柔声说："小姨娘，莫要怕，我们家大奶奶的脾气就是那样，大爷被骂几句，待会儿就能迎小姨娘进屋了。"

她的话音才落，方才在院子里怒吼的母老虎，已经来到了门房里。

"哟，这位就是大爷新纳的小姨娘啊……"这般说着，已绕着她走了两圈。崔氏长得不难看，但面相刻薄，不像是个好相处的人。她冷笑着说："长得可真标致啊。"

瞧她面带妒色，阴阳怪气，冯小青心中咯噔一下，深知今后日子难过，便要躬身向她请安。哪料这崔氏却说道："礼就不必行了，我未必认同你。今后呢，花婆子就跟着这匹大爷从扬州买来的'瘦马'吧。你们住后院西边那间房，不得我的允许，不准随意乱走。"

听闻"瘦马"二字，冯小青心中涌起一腔怨气。

且不说她原是太守之女，虽然家族没落，至少也是良家之女。可是到头来，竟然被人看作了那种可以肆意买卖的风尘女子……

但一想到母亲收了冯生大量的钱财，冯小青心中纵有万般怨气，却也只能忍了。她没有那个底气去反驳人家。

再看冯生，那个原本口口声声承诺会照顾她一生一世的男人，现在却畏畏缩缩，不敢多言。

冯小青原本就不欣赏他，如今是更加不屑了。

跟着花婆婆来到后院的厢房。这哪里是能住人的地方，不仅破败简陋，院子里还荒草丛生。冯小青的心中又腾起一股怨气。

但最终还是没有发作。她忍了。

所幸，在这间破败不堪、摇摇欲坠的屋子里，尚有一张书桌，聊以消遣。

冯小青转身叮嘱花婆婆："婆婆可否帮我向大爷讨一些笔墨纸砚来？"

花婆婆点了点头,一言不发地转身离开了。

不一会儿,她便拿来了笔墨纸砚。

第二日,冯府来了客人,是冯生的表嫂杨夫人。杨夫人的夫君是个进士,在冯生家里,是个十分体面的亲戚。

崔氏正与杨夫人坐在前厅喝茶叙旧,有一搭没一搭地闲聊着。突然,陪嫁过来的丫头手中拿了一张写了字的小笺,神神秘秘地往崔氏耳边凑,急着想要说些什么。

崔氏觉得当着杨夫人的面,此举有些失礼,便低声斥责了丫头。

哪晓得那丫头竟然将手中的纸摊开了,说:"刚刚在小姨娘的屋子里,发现了这个东西。"

崔氏与杨夫人都看了过去,只见上面用娟秀小楷写着:

> 雪意阁云云不流,旧云正压新云头。
> 米颠颠笔落窗外,松岚秀处当我楼。
> 垂帘只愁好景少,卷帘又怕风缭绕。
> 帘卷帘垂底事难,不情不绪谁能晓!

念完这首诗,崔氏的脸色十分难看。那个看起来低眉顺眼的瘦弱丫头,竟然还敢写诗嘲讽她!

可客人在侧,不便发作。

杨夫人笑问:"冯家几时藏了这么个才情卓然的女子?"

崔氏只好讪讪地同表嫂解释，说道："是大爷前些日子新纳的小妾，还是个不大懂事的丫头。"

杨夫人又将这首诗念了一遍，脸上的笑意愈发难以掩饰。

3. 可知妾是意中人

后来的每一日，日子都很难挨。崔氏对冯小青的刻薄与约束，愈发严重。而冯生，基本都是偷偷摸摸地来，再偷偷摸摸地走。冯小青对于这个男人倒也毫不期盼，甚至觉得可有可无。

反倒是冯家的亲戚杨夫人，更像是老天送给冯小青的忘年知己。

杨夫人读诗那日，便不顾崔氏难看的脸色，邀了冯小青出来相识。

尔后，又时常派人前来，请小青出游。

冯小青的年纪同杨夫人的女儿相仿，兴许因此，她倒颇得杨夫人的怜爱。

转眼，就到了第二年的春天。

春光明媚，西湖边上花团锦簇，杨柳依依；西湖水面，湖水清澈，碧波荡漾；再看那舟筏画舫，错落有致，整齐排列。还有游人如织，源源不歇，整个杭州一派欣欣向荣的热闹景象。

冯小青与杨夫人坐在船上，两人下着棋，偶尔瞧一瞧湖面上的风景。

崔氏善妒，为人刻薄，这是众所周知的事情。她待冯小青如何，不用多问，单看冯小青的脸色与表情，便能得知一二。

杨夫人思虑许久，终于提出了自己的建议："元元，我瞧你女红也好，才情也佳，品性也十分端良，为何就一定要待在冯家呢？你若是愿意，我可助你脱离苦海，另觅良人再嫁。"

小青闻言，连忙起身谢道："承蒙夫人抬爱，视元元如同亲女一般。奈何元元福薄命浅，只怕此生无缘再嫁。"

杨夫人见她如此坚决，便不再相劝。

那一日下了船，冯小青悄然一人，行至苏小小的墓前，静默许久。她想起自己的命运，再联想到苏小小的命运，不禁悲从中来，低声吟道：

西陵芳草骑辚辚，内信传来唤踏春。
杯酒自浇苏小墓，可知妾是意中人。

在冯小青的心中，她的人生早在母亲将她嫁给冯生之后，便已定了性。她的心中没有任何牵挂，对自己也没有任何要求，对未来更加没有丝毫期待。

她以为她的人生也许就只能这样了。日子总归是一天一天的，如流水一般淌过，终有一日，会静静地流淌到生命的尽头。

可是冯小青万万没有想到，即便是她无欲无求也无争，却也逃不过崔氏的嫉妒。

那是初夏时节，杨夫人来到冯家，同冯小青告别，丈夫需要去别处赴任，她也要同丈夫一起离开杭州。

冯小青纵有万般不舍，却也莫可奈何。

然而，也就是当天夜里，崔氏便差了仆人和马车，要连夜将冯小青扫地出门——冯府后院这间破厢房，崔氏也是不愿意让冯小青继续再住下去了，大约是瞧见了她，都觉得十分碍眼。

冯生当然不愿送小青走，便与崔氏起了争执。

这一争执，就彻底激怒了崔氏。她放出了狠话：今后若是没有她的允许，绝不同意冯生与小青见面；没有她的许可，也绝不能让冯生与小青通信。

少了杨夫人的庇护，冯小青在杭州再没有旁的依靠，只能任人蹂躏宰割。她拎着一个小小的包裹，和花婆婆一起坐上马车，来到冯家位于孤山上的别院。

4. 卿须怜我我怜卿

说得好听是间别院，可实际一看，倒不如说是一间年久失修的破败院子。

万幸的是，这间院子虽破，却位于宋代隐士林和靖寓所的附近。院子周遭是一大片古梅林，如若到了冬天，倒也是片喜人的风景。

即便住在山野里，身边也只有花婆婆一人陪伴着。因为妒妇崔氏的控制，冯小青甚至都没有机会再见她并不喜欢的冯生一面。当然，她也委实不大稀罕。

可是，倘若周遭连个说得上话的人都没有，对于她来说，也不免有些悲凉。

听着远处的寺庙钟声，看着夕阳的光芒落在树林子里，冯小青不禁潸然泪下。泪水打湿了笔墨，她愤然写下诗一首：

> 春衫血泪点轻纱，吹入林逋处士家。
> 岭上梅花三百树，一时应变杜鹃花。

冯小青是孤独的。

她的心思，旁人未必晓得，恐怕只有天知，地知，花知，神知。

花婆婆站在她的身后，静静地看着她，却没有上前相劝。

也许，在花婆婆的记忆里，曾经住在这间别院里的姑娘，又岂止冯小青一个呢？

又或许，与这世间的万般不如意相比较，冯小青这般的，又算得了什么呢？

花婆婆静静地看着她，不动声色。

随她去吧。

第二日清晨,冯小青梳妆完毕,来到河边散步。

花婆婆还是远远地跟在她的身后。

忽然间,却听见她瞧着水面,低声惊呼起来:"呀,你可是那福薄命浅的小青啊?是你吧……我虽然知道你,但你又何必怜悯我呢?假如我有朝一日含恨而死,你又何苦因为我而现形呢?"

这样喃喃自语许久,冯小青突然又笑了起来:"如果能与你做朋友,倒也是一件人间幸事。你看哪,我来,你就出现。我走,你就隐去。你非我不亲,我寻你便来,你我相伴余生晨昏,倒也不寂寞了。"

花婆婆在一旁听了,眉头微微一皱,轻声唤道:"小姨娘,该用晚膳了。"

谁知冯小青却忽然如一阵风般,回到屋里,迅速地铺纸落笔,写下诗一首:

> 新妆竟与画图争,知在昭阳第几名。
> 瘦影自临春水照,卿须怜我我怜卿。

顾影自怜,人生已寂寞至此。

5. 不生不灭,不垢不净,不增不减

孤山就像一座囚笼,冯小青便是那囚笼里的鸟儿。

她出不了山,山外的人也进来不得。

虽是这样被囚禁着,但隔一段时间,崔氏还是会命

人送来一些粮食衣物。尽管见不得她，但也不亏待她。

冯生后来也再未出现过，大约已经忘记了她，她也懒得再见那个毫无感情的人。

花婆婆除了照顾她的一日三餐，平时鲜少说话，寡言至极。

每日每夜，与冯小青相伴的，只有山、树、湖水，还有水中的自己，以及书籍。

幸好还有书籍。

一个风雨潇潇的夜里，冯小青选了一卷《牡丹亭》在灯下阅读。《牡丹亭》中，太守家的闺秀杜丽娘在梦中见到了书生柳梦梅，从此一见钟情，日夜思念，最终因为相思成疾，伤情而终。

三年后，柳梦梅上京赴考，经过了杜丽娘的墓地。杜丽娘的魂魄与之相会，再得重生，最后终于结为了夫妻。

看到这里，冯小青不禁有些感慨。她合上书卷，喃喃自语："我以为这世上最为幽怨的人，只有我小青一人。谁知道，竟然还有一个杜丽娘。她因梦而死，又死而复生，一心一意想要得到意中人，三年来苦守痴望，终究盼来了他。可我，可我心中竟是无一人可等、可盼。我才真是命薄之人啊。"

说着，她又哭着铺了纸笔，写下：

冷雨幽窗不可听，挑灯闲看牡丹亭。
人间亦有痴于我，岂独伤心是小青。

这一夜，窗外的雨淅淅沥沥，打在芭蕉上的声音丝丝绵绵，催人入睡。

可住在隔壁的花婆婆，却在隐隐约约中，听见了有人在嘤嘤地哭泣。

她翻了个身，又睡过去了。

第二日，冯小青便不起床了。她病了。

第三日，花婆婆请人送了信，将小青的情况告知崔氏。

第四日，崔氏请了郎中前来。

此后每一日，花婆婆都按照郎中的医嘱，为冯小青煎药。可她的病症，却一日比一日更加严重。

花婆婆原先不明缘由，直到在冯小青屋子的窗棂上，瞧见了药汤残留的痕迹。

她叹了口气，同奄奄一息的冯小青说道："小姨娘，您这一心求死，又是何苦呢……"

冯小青微微一笑，说道："烦请花婆婆再为小青办一件事……"

"您且说。"

"花婆婆帮我请一位技艺高超的画师来吧。"

花婆婆遵了嘱咐，第二日便请来了画师。

冯小青喝了一碗梨水汁儿，似乎又有了精神。她起床换上最喜欢的衣衫，在铜镜前仔仔细细地梳妆打扮起来。

冬日已至，梅花也开了。

冯小青坐在梅花之下，让画师为自己画像。

待到画作成功时，她看了看画像，却摇了摇头，说道："画师辛苦，但却只画出了我的形，并未画出我的神。"

画师便再次作画。

这一次，冯小青对着画像瞧了许久，终究还是摇了摇头。

她叹息道："这一幅的神情虽然自然，可是风态却没有流动……好看是好看的，却少了许多神韵……也许是我太过于矜持端庄了的缘故吧。"

于是，画师又为她画第三幅画像。

这一次，他不再要求冯小青端坐，而是希望她如寻常一般，谈笑行卧，一切如旧。

于是，冯小青按照画师的要求，与花婆婆谈笑。她摘花烹茶，翻书阅卷，或梳妆打扮，或散步于梅林之间。

最终，这第三幅画生动逼真，形神兼备，得到了冯小青的认可。

她将这三幅画像挂在自己的房间里,每日与"她们"对话聊天。冯小青不再寂寞了,人也似乎比从前精神了许多。

她的药,已经完全停了。

饭食,也一并停了。

她是一心求死,去意已决。花婆婆也知道,勉强不得了。

这一日的清晨,花婆婆早起,却见冯小青穿戴整齐地坐在房间里,似乎正在等着她。见她来了,冯小青原本惨白的脸上,竟然也扬起了一丝生气。

她将一封信递给花婆婆,说道:"请婆婆务必要代元元送达。"

花婆婆低头一看,那上面写着:寄杨夫人书。

她知道,冯小青的大限将至。

果然,只见冯小青起身,朝着墙上的画像拜了三拜,尔后坐回到床上,轻轻地躺下。

从此,她便没有再起来。

十多日以后,正在寺庙礼佛的杨夫人,收到了那封信:

与杨夫人永诀书

元元叩首沥血，致启夫人台座下：

关头祖帐，迥隔人天。官舍良辰，当非寂寞。驰情感往，瞻睇慈云，分燠嘘寒，如依膝下。糜身百体，未足云酬。娣娣姨姨无恙？

犹忆南楼元夜，看灯谐谑，姨指画屏幕中一凭栏女曰："是妖娆女倚风独盼，恍惚有思，当是阿青？"妾亦笑指一姬曰："此执拂狡鬟，偷近郎侧，将无似娣？"于时角采寻欢，缠绵彻曙，宁复知风流云散，遂有今日乎？往者仙槎北渡，断梗南楼，狺语哮声，日焉三至。

渐乃微词含吐，亦如尊旨云云。窃揆鄙衷，未见其可。夫屠肆菩心，饿狸悲鼠，此直供其换马，不即辱以当垆。去则弱絮风中，住则幽兰霜里。兰因絮果，现业谁深？若使祝发空门，洗妆浣虑，而艳思绮语，触绪纷来。正恐莲性虽胎，荷丝难杀，又未易言此也！乃至远笛哀秋，孤灯听雨，雨残笛歇，谡谡松声。罗衣压肌，镜无干影，晨泪镜潮，夕泪镜汐。

今兹鸡骨，殆复难支。痰灼肺然，见粒而呕。错情易意，悦憎不驯。老母娣弟，天涯问绝。嗟乎！未知生乐，焉知死悲？憾促欢淹，无乃非达？

妾少受天颖，机警灵速；丰兹啬彼，理讵能双？然而神爽有期，故未应寂寂也。至其沦忽，亦匪自今。结缡以来，有宵靡旦，夜台滋味，谅不殊斯！何必紫玉成烟，白花飞蝶，乃谓之死哉？或轩车南返，驻节维扬，老母惠存，如妾之受，阿秦可念，幸终垂悯。畴昔珍赠，悉令见殉；宝钿绣衣，福星所赐，可以超轮消劫耳。然小六娘竟先期相俟，不忧无伴。

附呈一绝，亦是鸟死鸣哀。

其诗集小像，托陈媪好藏，觅便驰寄。身不自保，何有于零膏冷翠乎？他时放船堤下，探梅山中，开我西阁门，坐我绿阴床，髣生平于响像，见空帏之寂飔。

是耶非耶？其人斯在！

嗟乎夫人！明冥异路，永从此辞！

玉腕朱颜，行就尘土，兴思及此，恸也何如！

元元叩首叩首上。

杨夫人阅完此信，抬头之时，只见眼前的梅树，一朵花儿刚好从枝头上掉落下来，花瓣儿一片片地散开，落在了水里，随着水流，轻轻地远去了。

耳畔传来尼姑们诵经的声音：

……舍利子，是诸法空相，不生不灭，不垢不净，不增不减。是故空中无色，无受想行识，无眼耳鼻舌身意，无色声香味触法，无眼界乃至无意识界，无无明亦无无明尽，乃至无老死，亦无老死尽，无苦集灭道，无智亦无得。菩提萨埵，依般若波罗蜜多故，心无挂碍；无挂碍故，无有恐怖。远离颠倒梦想，究竟涅槃……

冯小青故事补充：

冯小青，名玄玄（又写作元元），字小青，是明朝万历年间扬州人。有说她是太守之女，因父亲卷入了皇族的斗争，所以家道中落。又有人说，她是"扬州瘦马"，即原本是贫苦人家的孩子，是被妈妈买回了家，悉心培养，长大以后再卖给富商做妾。关于她的出身，因为无可靠的历史记载，无以为据，所以都是从一些野史或戏剧材料中觅得。但所有的资料均显示，冯小青是嫁给了杭州富豪冯姓公子为妾，因为正室善妒刻薄，所以被迫迁居孤山别院。有亲戚劝她改嫁，她拒绝了。尔后凄怨成疾，郁郁而终，终年18岁。

冯小青芳年早逝，但才情斐然。她工诗擅词，善解音律，留下了许多优秀的诗篇。

有分析说，《红楼梦》中林黛玉身上的"幽怨"，可以看到冯小青的影子。清代诗人陈文述在杭州孤山建兰因馆时，将冯小青的诗文收录，还为她修了墓，撰写《小青墓志》。现代著名学者潘光旦先生，则为她著有同名传记《冯小青》。

参考文献

1. 〔明〕冯小青：《与杨夫人永诀书》。
2. 〔明〕戈戈居士：《情史类略·小青传》。
3. 孙跃：《西湖边的红颜》，杭州出版社，2012年。

第九章

朝朝还夕夕
——明末女诗人王微

【人物档案】

姓名：王微

别名：草衣道人

字号：修微、王冠

出生地：扬州

出生时间：1591 年

逝世时间：1647 年

朝代：明朝

职业：江南名妓

代表作：

《名山记选》

王微喜欢踏访名山大川，因此著作此书。明末刊本全书共二十卷，分为：北直、南直、浙江、江西、湖广、河南、陕西、山东、山西、福建、广东、广西、四川、云南。书前有汤显祖作序、王微小引。书内选历代名山游记，大约360篇。

另外，还作有诗词数百首，此处例举一二：

《闲居》

《探梅》

点评：王微虽然出身风尘，但身上却并没有风尘之气。她很有才华，明代文学家钟惺对她高度赞誉，将她与李清照、朱淑真并称，称"其诗娟秀幽妍，与李清照、朱淑真相上下"。而著名画家董其昌对她的点评也很高，称"当今闺秀作者，不得不推草衣道人"。清代许仲元也说："明季多奇女子，若柳是之殉节保家、方芷之相夫死国，次之则李香之却币洁身、玉京之潜使入道，皆可入《青泥莲花记》，然终不如草衣道人之绝伦拔萃者。"

王微不仅有才华，她还是一个性格独立，又有胆识的奇女子。她布袍竹杖，游历河山，见识颇广，很有侠义之气与仙风道骨。除此之外，还有诗人的情怀，是古代才女当中颇具个性的一个，被誉为"美人学士"。

相关景区：西湖

1. 名满江左，秀出仙班

那是 1597 年。

年仅 7 岁的她，为了安葬父亲，不得不被卖进妓院。

因为长相姣好，又聪明伶俐，在众多的女孩当中，她被妓院的妈妈选中，收到身边，悉心教导。

时光荏苒，转眼九年过去了，她的名字被录入扬州行院当中。

很快，才情出众的她拥有了一帮拥趸，人们管她叫作"美人学士"。"美人学士"又因为为人正直豪爽，舍得挥洒千金去解他人之急，被后世一个名叫阮元的人盛赞为"扬州女侠草衣道人王微有红妆季布之风韵"。

然而她，才不在乎这些虚名呢。

只求一叶扁舟，往返于苏杭之间。将锦衣华服置于船尾，将书籍卷轴置于船头，船边儿上，还立着个英姿飒爽的娇俏姑娘。

这个娇俏姑娘，便是名动江湖，文才风采令人倾倒，被誉为"名满江左，秀出仙班"的名妓王微。

名头都是被实力撑起的，王微写了《拟燕子楼四时闺意》：

春
淡烟如梦罨重帷，楼外晴丝与泪吹。
判得莺花笑憔悴，不能轻薄学杨枝。

夏
何须莺语唤春回，浓绿眉痕展不开。
多谢伴愁梁上燕，只将孤影入楼来。

秋
罗衾自垒怯新凉，无寐偏怜夜未央。
生死楼前十年事，砌蛩帘月细思量。

冬
照心残焰见床空，死忆分明梦不通。
才到四更窗外白，峭寒轻絮一楼风。

陈继儒、董其昌、李流芳等著名的文人与书画家，皆为她的才华所惊艳，将她引为挚友知己。

可是她，眼下似乎也并无大志。除了游山玩水，看一看这天下之外，还和世间所有的平凡女子一样，只想在花开正妍的时候，能够寻到一个好人家，让那体己知心识意的人来做避风港。

2. 闺蜜杨宛

1617 年，王微在金陵认识了杨宛。

那是一个与王微截然不同的姑娘。她是金陵秦淮名妓，能诗词，擅书画，也长于作曲。她的性格温婉，与傲骨铮铮、独步天下的王微，完全相反。

王微是强势而独立的，而杨宛，是温柔而娇弱的。

她们的性格不同，似乎也预示了她们的结局不同。

但彼时，没有人能预知未来究竟会怎样。

在百花齐放的季节里，两个彼此欣赏、相知相惜的女子，决定结为金兰姐妹。

"我王微、杨宛今日结为异姓姐妹。姐妹同心，其利断金，同心之言，其臭如兰。苍天为证。"

歃血为盟之后，王微做了姐姐，托着杨宛的芊芊柔荑说道："妹妹，今日你我义结金兰，今后便要福祸同当，生死与共。"

杨宛闻言，眼眶一热，便也说道："姐姐，不多时日，妹妹便要嫁作人妇。倘若姐姐不嫌弃的话，你我二人不如效仿娥皇女英，同时嫁与他，一来姐姐也不必再为择良人忧心，二来你我姐妹二人也可相知相守，朝夕相对。"

这个提议在当时，也是妥当的。都是风尘中人，都渴望拥有一个值得依靠的郎君来寄托余生。

况且杨宛的这个良人，本来也是个人物。

他系出名门，文武双全，时人称"年少西吴出，名成北阙闻。下帷称学者，上马即将军"。他是明代文学家茅坤的孙儿茅元仪。

茅元仪自幼喜好兵农之道，在崇祯二年（1629），因为战功赫赫而升任副总兵，也曾多次上言富强大计，还汇集兵家、术数之书两千余种，历时15年，编著了《武备志》。

诗人王端淑也曾点评茅元仪："止生侠骨凌云，肝肠似雪，虽历戎间，乃一功杜也。"

可王微并非寻常女人，她不会因为姐妹的推荐，便贸然决定嫁给茅元仪。

直到她见到茅元仪的诗：

> 英雄心胆殊，不惜儿女态。
> 最笑啖名人，含情死后悔。

她心中顿生涟漪。这个茅元仪，忧国忧民，侠肝义胆，与她应是同类人。

在杨宛的引荐下，王微与茅元仪一见倾心，当即决定与杨宛一道，同时嫁给茅元仪做妾。

她觉得人生是满足的，能够拥有杨宛这样的知己与姐妹，又能够拥有茅元仪这样伟岸的丈夫。

王微写了很多与杨宛有关的诗，比如《过宛叔[①]

[①] 杨婉字宛叔。

梦阁》：

> 照返江流急，霜多枫叶残。
> 年年月光好，只共一闺寒。

她以为她会和杨宛、茅元仪相依相守一辈子。

直到某一日，她在书房之外，碰巧听见了茅元仪与友人的对话。

友人念了一首诗。王微识得这首诗，那是几日前杨宛写的。

友人沉吟不语，还未点评，但眉间却微微有些许挑剔之色。

茅元仪心中着急，已经护短似的说道："内子拙作，实得我心。"

"内子？"友人颇为惊讶，"妾作内子，茅兄乃是动了真心。"

"妾又如何？我与宛叔早已有了白头之约，不知这算不算是真心？"

"茅兄真乃重情重义之人。"友人大为赞许，又问，"听闻茅兄还纳了一位如夫人，是大名鼎鼎的才女王修微……"

"修微的诗高于词，内子的词则高于诗，修微与内子各有千秋，皆是女中豪杰，皆乃当今一流。"

友人闻言，不免又是一阵赞叹与羡慕。

但是他们谁也没有在意茅元仪的措辞有什么问题，只有在门外偷听的王微上了心。

当茅元仪说出"内子与修微"时，王微的心就已经死了。

原来在她夫君心中，杨宛才是他的心上人，他们早已有了白首之约。而她，只是一个名字。

王微觉得，兴许茅元仪是因为杨宛的原因，才连带着纳了自己为妾。她又再次回顾过往，发现茅元仪待杨宛确实一直都要比待自己更好一些。当时的她并未觉得有什么不妥，但此时再一对比，不禁幡然醒悟。

王微心中五味杂陈，回到自己房间，落笔写道：

江流咽处似伤心，霜露未深芦花深。
不是青衫工写怨，世间只有白头吟。

虽然有些难过，但她很快就整理好了情绪，作出了判断——茅元仪是闺蜜的良配与归宿，而非自己的。

君子有成人之美。王微当机立断，辞别茅元仪与杨宛，并祝福他们白头偕老，从此离开了这个家，并再也没有回头。

但是，她对杨宛的感情却从未改变过，还为这位姐妹写下了许多饱含深情又优美动人的诗句。

3. 布袍竹杖，游历河山

不久，杭州西湖边儿上有一桩叫人称奇的事情。

坊间称颂的才女，原归茅元仪的王微，回到杭州之后，请人在西子湖畔的断桥之东选了一处风水宝地，在那里修了座生圹。

何为生圹？便是人还活着，却预先造好的坟墓。

当陈继儒对此提出异议时，王微却回道：

> 嘻！是何言？孔雀金翠，始春而生，四月而凋，与花萼相衰荣。每欲山栖，必先择葬身之地然后止焉。然禁中缀之以为帟，蛮中采之以为扇，甚有烹而为脯为腊者，色可常保乎？鹦鹉驯扰慧利，洞晓言辞，官家奇爱之。或教诗文，或授佛号，而未免闭于金笼，则韵语又可常恃乎？

王微早已看淡了生死，她在生圹旁边建了一栋新舍，取名"净居"，从此住了下来，自号"草衣道人"。草衣道人性情洒脱，每日里除了研习经书，便是寄情山水，她不愿意做任何人的附庸。

此后，不少名人雅士争相与她结交。其中，有一直资助她的富商汪然明，嘉定四先生唐时升、程嘉燧、娄坚、李流芳，还有李流芳之侄李宜之，但都不是能令她心动的人。

大约是公元 1619 年秋日的某一天，秋雨正当悱恻缠绵。倚靠在"净居"竹楼上的王微，手执书卷，正伴着细雨，漫不经心地读着。

楼下传来了敲门声。

侍奉她的婢女开门一看,是个想要躲雨的公子,便先放了人进来,再上楼禀报主人。

王微听说来者是个读书人,脸上露出微笑。她款款下楼,与之一见。

那是一个被雨淋得有些狼狈,却依旧保持翩翩风度的男子。在与他四目相对的那一刻,王微知道,自己期盼已久的那个人终于出现了。

她微微一笑,像个侠女般豪气万千地拱手行礼,尔后缓缓说道:"在下草衣道人王修微,未请教尊驾高姓大名?"

来者一愣,被眼前这位布衣素颜、洒脱豪迈的女子所吸引,他微微一笑,还礼说道:"在下谭元春,湖广竟陵人。"

"幸会。"

说罢,王微便邀请谭元春入书房喝杯热茶。

谭元春是何许人也?

钱谦益后来写到王微与谭元春,有这么一首诗:

不服丈夫胜妇人,昭容一语是天真。
王微杨宛为词客,肯与钟谭作后尘?

在这首诗里的"钟谭"二字,指的是钟惺与谭元春。

夕阳归舟

在《明史》当中有记载：钟、谭之名满天下，谓之竟陵体。如今又称为"钟谭派"或"竟陵派"。

谭元春是湖广竟陵人，明朝文学家，天启间乡试第一名。

但同时，他也是个失意人，虽然在文学上颇有造诣，却也屡试不第。他与王微在才华与人生际遇上有着相似之处，很快便将彼此引为知己。

谭元春写了不少与王微相关的诗句，譬如这首《过王修微山庄》：

绿溪天外没，宜有是人居。
残叶埋深巷，新窗变故庐。
心心留好风，夜夜抱奇书。
女伴久相失，荒村独晏如。

又如《答修微女史》：

宵灯晓火共西湖，船隔书声听又无。
归后忆君先忆此，春晴春雨长蘼芜。

而王微，是第一次体会到，为一个男人心动究竟是怎样的一种感受。

她倾心于谭元春，此后与谭元春的纠缠，竟然长达十余年。

他们曾在西湖瑰丽的夜里泛舟出游，在月光之下吟诗作对，把酒言欢；也曾两地相望，书信往来，诗词唱和。

谭元春总归是个异乡人，他在杭州待了没多久，便离开了。从那以后，王微与他开始了长久的诗词唱和，在她留下的诗篇里，有许多首都是写给谭元春的。

她有多爱谭元春呢？在思念这个男人的时候，她收起了侠女的洒脱与豪迈，完完全全成了一个情意绵绵的小女儿，娇态尽显：

月到闲庭如昼，修竹长廊依旧。对影黯无言，欲道别来清瘦。春骤，春骤，风底落红偏偢。

在寂寞的漫漫长夜里，长廊之外，修竹依旧。王微孤独地站在那里，人影与竹影相对。可影子又不能说话，她心中的寂寥苦楚便愈加强烈了。很想告诉她所思念的那个人儿：自从离别以后，我已日渐消瘦。春光稍纵即逝，被风吹落的花瓣儿，更叫人心中感到愁苦万分。

因为思念着心中那个遥远的他，王微的诗词不再恣意洒脱。

她的柔肠百转，他能懂：

> 去去应难问，寒空叶自红。
> 此生已沦落，犹幸得君同。

她又写：

> 不用青衫涅，天涯沦落同。
> 前夜三弦客，一声霜露空。

谭元春为王微的诗集作序，对王微恣意洒脱、才气卓然的姿态，刻画得入木三分。

后世的人们再来审视他们的这段感情，发现谭元春是王微的知己，但王微未必是谭元春的知己。

谭元春虽然美名满天下，却毕生未能考取功名。他是失意的，他的失意胜于王微。因此他也是敏感的。

和这样的人相爱，王微既要小心翼翼，又要委屈巴巴。

她为他写词：

> 闲思遍，留君不住惟君便。惟君便，石尤风疾，去心或倦。　未见烟空帆一片，已挂离魂随梦断。随梦断，翻怨天涯，这番重见。

那年夏天，她游历到九江时，听说他病卧在琵琶亭下，便想去看看他。

可谭元春似乎再也没有兴趣同她风花雪月，花前月

下,他不想见到她,还作诗《王修微江州书到意欲相访,诗以尼之》,婉言拒绝了她:

无思无言但家居,僮婢悠然遂古初。
水木桥边春尽事,琵琶亭上夜深书。
随舟逆顺江常在,与梦悲欢枕自如。
诗卷捲还君暗省,莫携惭负上匡庐。

他冷漠的拒绝,令王微感到伤心欲绝。

回到杭州之后,王微病倒在孤山。想起过去相识相知的点点滴滴,她不禁悲从中来。想着想着,便又开始顾影自怜:

孤枕寒生好梦频,几番疑见忽疑真。
情知好梦都无用,犹愿为君梦里人。

无数次的伤心与失望之后,这一次,王微的梦,似乎终于醒了。

她虽然爱他,但也爱这湖光山色,爱这世间的大好山川。

他不再爱她,没有关系,她就彻底地放弃他。

对于她的爱恨洒脱,对于生活的恣意随性,陈继儒赞扬道:"修微饭蔬衣布,绰约类藐姑仙,笔床茶灶,短棹逍遥,类天随子。"

她与名妓柳如是结为忘年姐妹,成为杭州一道亮丽的风景。

钱谦益还曾盛赞她二人：

> 草衣家住断桥东，好句清如湖上风。
> 近日西陵夸柳隐，桃花得气美人中。

王微却一笑置之，并极力撮合了钱谦益与柳如是。

而她自己，则收拾行囊，拿起竹杖，大步向前，出门去了。

每当出走一段时间，看看外面的名山大川、风土人情，再次归来的时候，王微觉得人生似乎与从前又有了许多的不同。

她突然想要写一本书，写一写她去过的那些名山大川。

她登大别山，眺望黄鹤楼、鹦鹉洲诸胜，拜谒武当山，跻天柱峰，溯大江，上匡庐……

可彼时，大明王朝覆灭在即，各地兵荒马乱。尽管王微豪情万丈，可她毕竟只是一个柔弱女子，孤身上路，难免会遇到危险。

4. 可言乎？不可言乎？

许誉卿，是王微在游历的旅途中遇见的。

当时的她刚被一群匪徒劫走了盘缠，惊慌失措得就像在大海中漂泊了多时的小船，疲惫得很想寻一个港湾倚靠。

而这个港湾，就是许誉卿。

许誉卿，号霞城，华亭人，万历四十四年（1616）进士，东林党名士。他曾经担任过吏部官员，以直言敢谏著称，还曾经弹劾过魏忠贤，痛骂魏忠贤"大逆不道"，也曾经提醒过袁崇焕，对崇祯皇帝所说的"五年平辽"是否可行。

这样一位名士，对王微早已倾慕许久。他知道她，喜欢她，仰慕她，并娶她为妻。

王微获得了寻觅半生的真爱与尊重。

她虽然出身风尘，但许誉卿却待她"礼同正嫡"。这在当时的社会环境里是非常特别的，超出了世俗之见。更加奇怪的是，王微还得到了许母以及许家后人的认可。

她的智慧，也许远超历史所记载。

崇祯皇帝即位以后，重新起用许誉卿。

那一日，许誉卿带着夫人王微启程赴京。

许老太太看着儿子已不再年轻的脸庞，唯恐他再次卷入朝廷之争，不禁感到忧心忡忡。

王微见状，在老太太跟前许诺保证，叫她安心："母亲放心，有媳妇在，定然不会让霞城犯险。"

见她笃定许诺，许老太太总算把悬着的心放了下来。

后来，直至人生的终点，王微也没有违背自己的诺言。

抵达京师以后，刚正不阿的许誉卿经常上书进谏朝廷。王微唯恐丈夫因言得祸，便偷偷地将卤汁倒进了墨汁里。

许誉卿毫不知情，挥毫落纸，洋洋洒洒地写了奏章。可是奏章被送到崇祯手里时，却因为暑天的原因变了质，字迹模糊而无法阅读。

因为规避了风险，所以躲过一劫。

国家危难之际，党争也变得愈发严重。

王微见情况不妙，便劝说许誉卿归隐。

她说："朝堂纷争不断，皇帝与臣子的心都不在一路，许蛮你又何必为此丢了性命？不如与我回归山野，我们闭门不出，读书写字，筑桃源以避世，你看如此可好？"

当时许誉卿对于朝廷的局势也是无计可施，早已心力交瘁。在被崇祯皇帝罢官之后，许誉卿终于与妻子回归山野，安度余生。

可生在这乱世，哪有那么多的岁月静好？

崇祯十七年（1644），李自成攻陷北京，崇祯皇帝在煤山上吊，清军入关，顺治皇帝入主中原。同一年，南明福王朱由崧即位，称弘光元年。

时局很乱，天下有两个皇帝，着实苦了老百姓。

王微与许誉卿带着家人一路逃难，日子过得非常辛苦。

三年后，在东躲西藏、颠沛流离之中，王微患病，一病不起。

临终之时，王微拿出事先预备好的包袱，送到许誉卿的跟前，说道："许蛮，我死之后，从俭葬之。从今往后，便只剩你独自一人。如若遇到了危难时刻，你要么自裁，要么出家为僧，勿要为了苟且偷生而失了名士之节。"

许誉卿打开包袱一看，里面放着一把剃刀和一套僧衣。

王微死后，许誉卿悲痛欲绝，料理完后事以后，他便出家为僧了。

传说到了康熙年间，还有人请许誉卿出山。由此可见，许誉卿得到了善终。

而与王微、许誉卿同时期的那些人，后来又怎样了呢？

茅元仪因纵酒过度，暴病身亡。杨宛因此流落他乡，命丧乱贼之手。

谭元春猝死在赴京赶考的客栈。

钱谦益投降清廷，被讥为"两朝领袖"，在经历牢狱之灾以后，老死在家乡红豆山庄。钱谦益死后，柳如是被钱氏族人逼上绝路，不得不死。

……

沧海桑田，时过境迁。这些镌刻在岁月长河里的每一个名字，都是一首时代的长诗。

而王微的一生，兴许可用她在《樾馆诗》里的自序来概括：

> 生非丈夫，不能扫除天下，犹事一室。参诵之余，一言一咏，或散怀花雨，或笺志水山。喟然而兴，寄意而止，妄谓世间春之在草，秋之在叶，点缀生成，无非诗也。诗如是，可言乎？不可言乎？

参考文献

1. 龚斌：《草衣道人王微和她的诗》，《中文自学指导》1997 年第 4 期。
2. 孙悦：《西湖边的红颜》，杭州出版社，2012 年。
3. 〔明〕王微：《名山记选》。

第十章 侠骨让红唇——明末柳如是

【人物档案】

姓名：柳隐

别名：杨爱、杨影怜、河东君

字号：如是

所处年代：明末清初

民族：汉族

出生地：浙江嘉兴

出生时间：1618 年

去世时间：1664 年

代表作：诗集《戊寅草》《柳如是诗》《红豆村庄杂录》《梅花集句》《东山酬唱集》等，书画《月烟柳图卷》。

相关景区：
杭州西湖、常熟虞山柳如是墓

人物点评：柳如是是活动于明清易代之际的著名歌伎才女。她个性坚强，正直聪慧，魄力奇伟。因文学和艺术才华出众，而被称为"秦淮八艳"之首。柳如是的书画也颇具名气。她的画娴熟简约，清丽有致；书法深得后人赞赏，被称为"铁腕怀银钩，曾将妙踪收"。此外，柳如是虽为女子，却有着深厚的家国情怀和政治抱负。在与其往来的名士中，张溥、陈子龙、李存我均是有铮铮风骨的民族志士。柳如是常与他们纵论天下兴亡。在盛泽时，柳如是曾对张溥说："中原鼎沸，正需大英雄出而戡乱御侮，应如谢东山运筹却敌，不可如陶靖节亮节高风。如我身为男子，必当救亡图存，以身报国！"

沈虬的《河东君传》点评柳如是："知书善诗律，分题步韵，顷刻立就；使事谐对，老宿不如。"

清代女作家林雪在《柳如是尺牍小引》中赞誉道："琅琅数千言，艳过六朝，情深班、蔡，人多奇之。"

国学大师陈寅恪则把柳如是誉为"女侠名姝""文宗国士"，认为她虽然是"婉娈倚门之少女，绸缪鼓瑟之小妇"，其事迹却令人"感泣不能自已"。

1. 红豆山庄

深夜，卧于榻上的中年妇人辗转反侧，久不能眠。

不知是因何缘由，她心中有些不安。于是起了身，拾了一卷书，于灯下阅读。

豆大的烛火轻轻摇曳，照亮那书封面上"牧斋诗抄"四个大字。

读了一会儿，妇人叹了口气，心中又被哀伤满满地占据。牧斋去世，已一月有余。女儿女婿协助她料理完后事，昨日也回到无锡婆家去了。而牧斋的其他孩子，都不住在红豆山庄。这间种了百年红豆树的山庄里，如今便只剩下她和几个老仆人。

偌大的一个山庄，久经岁月的侵蚀，除了残破与衰败，还有一些过往的回忆，似乎再也没有什么了。

妇人有些怅然。放下书卷，抬眼瞧见了窗外的月色。

夜已深沉，天外却还亮如白昼。今日可是什么特别的日子？

她正困惑着，接着就听见外面传来了嘈杂的争吵声。

她披了衣衫，想出门瞧个究竟。可人才刚刚走到房门口，守门的老仆人已经扑倒在她的脚下，嘴里惊慌失措地喊道："夫人，朝鼎少爷带着族人，上门闹事来了。"

妇人闻言一愣，扬眉往外看去。

只见一群人，举着火把，拿着棍棒刀剑武器，浩浩荡荡地冲了进来，将红豆山庄挤得满满当当。

这帮人里为首的，便是她的亡夫钱牧斋最为得意的学生，他的族孙，钱朝鼎。

弥留之际，钱谦益还曾嘱托过钱朝鼎，要他代自己完成未能完成的著述。彼时钱朝鼎信誓旦旦，表示绝不失信。可现如今，钱牧斋的尸骨未寒，钱朝鼎却伙同了族人在深夜里偷上门来寻衅滋事。

妇人仔细看了一遍这些举着刀剑斧头与火把的人。这些人她都认识，他们全部都是钱谦益的族人。钱谦益在世的时候，这些人一个个唯唯诺诺，对她十分客气。谁承想，钱谦益刚死，这些人就像变了脸似的，竟然一个个都面带怒色，气势汹汹，不像是善类。

见此情景，妇人大约明白了他们的来意。但她保持沉着冷静，语气依旧和善，问道："朝鼎，深更半夜的，你带着族人来我府中，是为何事？"

钱朝鼎看起来还比较客气，高声说道："夫人，我族为培养钱大学士，家家户户，皆是不遗余力。如今大学士既已过世，你也没有后人，那么他留下的金银地契、香炉古玩，你是否也应该拿出来，惠及族人？"

妇人微微一笑，稳定了众人，但暗地里却向老仆人使了使眼色，要他偷空禀报大少爷。

哪知老仆人来到她的耳畔禀告，说大少爷听到风声，早就已经躲了起来。

妇人叹了口气，深知此事只有她一人能够面对。于是，她对众人说道："夜已深沉，大少爷也不在家中，诸位不妨明日再来商讨田房地契的分配事宜吧。"

然而，这话显然是不抵用的。钱朝鼎有备而来，倘若是白天就能商讨的事情，他又如何可能选在深夜里来呢？

她环顾四周，家中只有四五个老仆人，以及她一个柔弱女子。身上的孝服还未脱下，头上依旧戴着白花，可站在身边的人却一个也没有。

钱牧斋留下的房产地契本就不多，古董书画也在前些年资助反清义士时被散得一干二净。剩下的零星产业只够她与孩子们艰难生存，倘若再叫族人们全部掠走了，她还有什么面目去面对亡夫呢？

她嘱咐一个老仆人，立即前往无锡通知女儿女婿。倘若是快马加鞭，明日清晨，女儿女婿应当可以赶来。

然后，她招呼余下的仆人烧水造饭，备些宵夜酒水，

河东君初访半
墅堂小景

她要与钱朝鼎等人好言协商。

然而这帮人仗着人多势众，根本就不给她任何协商的机会。他们言辞不合之际，就动手抢东西，砸东西。红豆山庄所有值钱的不值钱的，统统被他们收入囊中。

可即使这样，他们还是不肯罢休。

时间一点一点地过去了，天色渐渐大白。

抢了一宿，闹得红豆山庄满地狼藉的族人们并没有找到房产地契，开始有些不耐烦了。当雄鸡的叫声唤醒了初升的太阳时，人群之中有一老妪，恶狠狠地向她喊道:"吓,你这老娼妇,真是狡猾多端,叫我们在这里白等了一宿,定然是想赖到天亮,好去官府报官呢。"

老妪的话,犹如一把刀子,扎在妇人的心口上,同时也唤醒了其他族人。

人们开始谩骂她,将她更久远的过去翻出来讲,以此侮辱她。更有甚者,还冲上前来,动手打了她。钱家的仆人想要阻拦,也被打翻在地。

钱朝鼎说道:"夫人原是出身青楼,身份如此低微,又怎可做我族主母呢?请你将房产地契交出来罢!"

妇人孤立无援,眼神空洞地瞧着这群谩骂她的人,说道:"这地契房契,乃是牧斋搁置的,我也委实记不住……"

"今日这房产地契,必须得交。交出来,你则可得生路一条。倘若是不肯,那便只有死路一条。"

她叹了口气:"既是如此,那诸位请稍等,容我再去房中寻一寻。"

说着,便起了身。

仆人见状,忙上前去:"夫人?"

她却挥了挥手,低声说:"待姑娘和姑爷回来后,定要按照我说的办。"

"是。"

房门关上了。

太阳从遥远的东方渐渐地移到了偏中的位置。

钱牧斋的小女儿赵钱氏与夫君赵家公子,领着赵家的仆役族人数十名,终于赶到了红豆山庄。

待推开母亲的房门,脚边立马落下一封信,上书:

> 我来汝家二十五年,从不曾受人之气,今竟当面凌辱。我不得不死,但我死之后,汝事兄嫂,如事父母。我之冤仇,汝当同哥哥出头露面,拜求汝父相知。我诉阴司,汝父决不轻放一人。

抬眼,墙壁上赫然写着:并力缚凶党,然后报官。

而那房中的屋梁上,用孝布挂着一个人,似自缚许久,早已气绝身亡。

那是她的母亲,已故大学士钱谦益的继室,天下闻名的大才女:柳如是。

2. 吴江故相下堂妾

1632年,即崇祯五年,黄河于孟津决口,百姓迁徙,四处逃难乞食,天下不稳。

再往南边看去,距离饥荒与战火,还很遥远。

吴江致仕宰相周道登,新近纳了一名小妾,年方十四,聪明伶俐,长得乖巧可人。这小妾出身贫寒,是江南名妓徐佛的门下弟子。她能歌善舞,很得周道登与老太太的欢心。周道登常常将她抱在腿上,教她习字作画。

可周家的主母与群妾却因此心生嫉妒,暗地里总想着法儿整治这个小丫头,差点将她整死。

万般无奈,周家老太太为了护她性命,旋即将她逐出家门。

小丫头无处可去,只好重回徐佛门下归家院,入籍为妓。

仗着"吴江故相下堂妾"的盛名,一时之间"五陵年少争缠头,一曲红绡不知数",小丫头的名字杨影怜,传遍了江湖。

两年后,她便攒足了银子,为自己赎了身。尔后在松江,她遇见了第一个与她倾心相待的男人宋辕文。

3. 挥刀斩断七弦琴

宋征舆,字辕文,出身膏粱世家,与陈子龙、李雯并称"云间三子"。当时的宋辕文还未踏上仕途,不过是个词人。

自从在松江见过一面之后,宋辕文陷入了相思,写了许多情诗给杨影怜,期望能够以情动人。杨影怜却不急,约他一起泛舟到白龙潭游玩。可等宋辕文来了之后,她却推说自己还未梳妆,对宋辕文说,倘若你是真的有情有义,那就不妨跳入水中等候。

时值隆冬,宋辕文毫不犹豫地跳入了白龙潭里。此举感动了杨影怜,她便将自己连人带心交付与他,以为可以托付终身。

然而这件事，很快就被宋辕文的母亲知道了。

宋母坚决反对儿子与娼妓往来，便通过官府，由松江知府方岳贡下令，驱逐外地来的"流妓"。

杨影怜并非松江人士，她原本是苏州人，正好是被驱逐的对象。

柔弱无助的她，只好向宋辕文求助。

宋辕文却不敢违抗母命，只劝杨影怜："姑避其锋。"

这个结果，是杨影怜未曾想到的。她以为一个甘愿在隆冬腊月里跳进冰冷刺骨的江水中等待自己的男人，就是真心爱自己，值得自己倚靠的人。却没想到，当她处在困境，需要他的帮助时，他却表现得毫无担当。

杨影怜强忍泪水，微笑着来到古琴旁边。

这架古琴，是宋辕文送她的。过往有多少甜蜜时光，她弹琴，他填词，两人恩爱缱绻。而今想来，却更像是一个笑话。

杨影怜拿起剪刀，一把将琴弦剪断，在宋辕文错愕的表情中，她淡淡说道："从此以后，你我便如这架古琴，情断义绝。"

宋辕文愧对杨影怜，落荒而逃。

一日后，杨影怜离开松江暂避。

她为松江，写下一曲离歌：

《梦江南·怀人》（十首）

人去也，人去凤城西。细雨湿将红袖意，新芜深与翠眉低。蝴蝶最迷离。

人去也，人去小池台。道是情多还不是，若为恨少却教猜。一望损莓苔。

人去也，人去绿窗纱。赢得病愁输燕子，禁怜模样隔天涯。好处暗相遮。

人去也，人去碧梧阴。未信赚人肠断曲，却疑误我字同心。幽怨不须寻。

人去也，人去小棠梨。强起落花还瑟瑟，别时红泪有些些。门外柳相依。

人何在？人在小中亭。想得起来匀面后，知他和笑是无情。遮莫向谁生。

人何在？人在月明中。半夜夺他金扼臂，媵人还复看芙蓉。心事好朦胧。

人何在？人在木兰舟。总见客时常独语，更无知处在梳头，碧丽怨风流。

人何在？人在玉阶行。不是情痴还欲住，未曾怜处却多心。应是怕情深。

人何在？人在枕函边。只有被头无限泪，一时偷试又须牵。好否要他怜。

待到遣返流妓的风头一过，宋辕文差人送来一阕《蝶恋花》：

宝枕轻风秋梦薄。红敛双蛾，颠倒垂金雀。新样罗衣浑弃却，犹寻旧日春衫着。　偏是断肠花不落，人苦伤心，镜里颜非昨。曾误当初青女约，只今霜夜思量着。

可彼时，杨影怜已经投入松江举人，同为"云间三子"之一的陈子龙的怀抱。

4. 戊寅草

女人在无助的时候，尤其容易倾心那个愿意帮助自己的男人。

陈子龙便是在这个时候，出现在杨影怜的生活里。

因为陈子龙的帮助，杨影怜不必担心再被驱逐。她每日穿着男装，大大方方地与松江文人墨客往来，共论时事。

陈子龙与其他男人颇不一样。他不仅才华横溢，还很有家国情怀。这是一个正直正义的男人，杨影怜和他

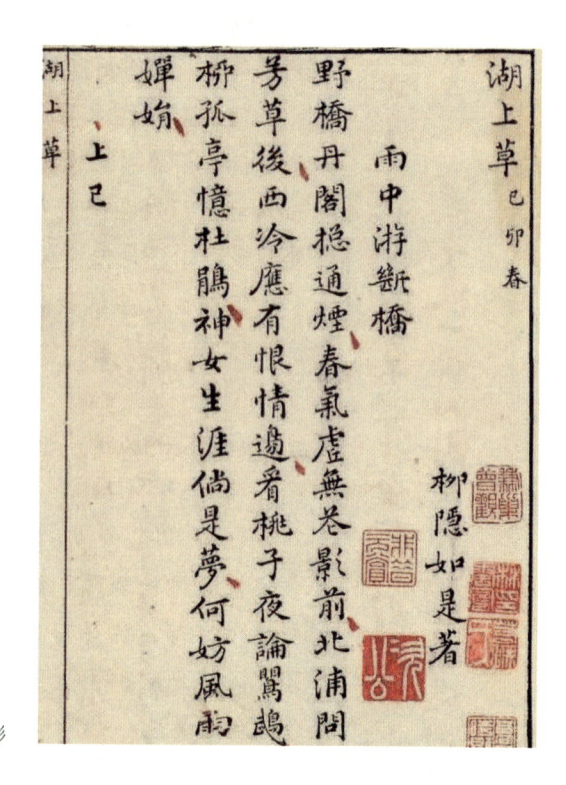

《湖上草》书影

在一起，听到了许多他的理想与抱负。因为欣赏杨影怜的才华，陈子龙为她刊印了诗集《戊寅草》，并为她作序。他带她进入复社与几社，认识了许多同道中人，给了她很好的平台抒发对于国家与政治的看法，奠定了她成为名妓的基础。她的身份不再是单纯的名妓，更是江南文人圈中颇具声名的书法家与诗人。

杨影怜与陈子龙同居于松江南园，她以为找到了人生的归宿，从此以后，就是天长地久。

然而，好梦总是易醒。

陈子龙家中，早已有了一妻三妾。得知陈子龙与杨影怜同居，妻妾们便向陈子龙的母亲哭诉。陈母听闻此事，便带着媳妇与一众亲戚，闹到了杨影怜与陈子龙同居的松江南楼。

在一地鸡毛的争吵与斗争之中，杨影怜感到深受羞辱。世俗之见与身份的悬殊，叫她明白自己与陈子龙之间终究是没有结局。

痛定思痛，她决定离开。

两人和平分手，陈子龙送她回到盛泽镇，临别时，杨影怜填《更漏子》一阕赠他：

> 风绣幕，雨帘栊，好个凄凉时候。被儿里，梦儿中，一样湿残红。　　香焰短，黄昏促，催得愁魂千簇。只怕是，那人儿，浸在伤心绿。

多年后，这个有情有义有家国担当的男人，在反抗清军的斗争中被捕，投水殉国。

可那个时候的杨影怜，已经不叫这个名字了。

5. 杭州遇牧翁

离开陈子龙以后，杨影怜改了姓名。

某一日，她读到辛弃疾的词作"我见青山多妩媚，料青山见我应如是"，心中顿时涌上万般温柔，于是改名柳隐，字如是，又称"河东君"。

崭新的柳如是来到杭州，与杭州名妓草衣道人王微成了知交好友。在躲避自命风流的公子与名士们的追逐和纠缠时，她公开宣称："天下惟虞山钱学士始可言才，我非才如学士者不嫁。"

王微微微一笑，说道："钱学士乃我门上常客。"

钱学士何许人也？

他叫钱谦益，号牧斋，探花郎出身，有着"学贯天人"和"当代文章伯"之称，家中财力雄厚，是当时的文坛巨擘，数一数二的大文豪。

崇祯十一年（1638），钱谦益与温体仁相争，温体仁称病离职，钱谦益也被削职归乡。

心中苦闷的钱谦益，到西湖边上的草衣道人王微家中做客，意外地瞧见了柳如是写的诗：

垂杨小院绣帘东，莺阁残枝未思逢。
大抵西泠寒食路，桃花得气美人中。

当即，钱谦益对柳如是的诗才大加赞赏，又听闻柳如是婉拒天下男子追求非他不嫁的豪言，笑着调侃道："天下有怜才如此女子者耶，我亦非才如柳者不娶。"

草衣道人王微见状，心下便已了然，于是善解人意地约了柳如是与钱谦益相识。

柳如是与钱谦益一见如故，两人泛舟西湖，煮酒论史，久看不厌。

可是几日之后，钱谦益便启程回到家乡，原先在杭州认识的新朋友、旧朋友，都少有联络。

到了崇祯十三年（1640）初冬，钱谦益归乡已经两年了。因着大文豪的名声，即便是住在乡间"半野堂"，钱谦益也常常会为访客盈门烦恼。

有一日，午膳过后的钱谦益正准备小睡一会儿，仆人突然前来禀报："老爷，门外有一儒生求见。"

钱谦益头也不抬，冷冷地说："不见。"

仆人奉上拜帖，便准备出门送客。

钱谦益顺便瞧了一眼拜帖，上书：晚生柳儒士叩拜钱学士。

字体娟秀俊朗，名字似乎也很耳熟。

钱谦益觉得，似乎曾在哪里见过这个字。于是连忙唤住仆人："速请这位柳儒士，到书房一见。"

待钱谦益重新打理好自己，来到书房时，只见一个方巾儒服的少年，正饶有兴致地欣赏着墙上的字画。听见了钱谦益的脚步声，他转身，向钱谦益恭敬一揖，说道："晚生柳如是，见过钱学士。"

钱谦益对这位身材娇小、模样清秀的俊俏少年郎，感到有些面熟，却也实在想不起来曾在哪里见过。

少年见状，微微一笑，吟道：

草衣家住断桥东，好句清如湖上风。
近日西陵夸柳隐，桃花得气美人中。

钱谦益闻言一愣。这正是他游览西湖时，有感于王微与柳隐所作的诗篇。

他看着来访者，不禁笑道："万没想到，来者竟是柳姑娘，有失远迎，有失远迎。"

两人相见甚欢。钱谦益聊到兴头上了，便邀请柳如是在"半野堂"住一段时间，柳如是当即欣然答应。

在"半野堂"居住的那段时间里，钱谦益与柳如是踏雪寻梅，寒舟垂钓，月下赏花，诗酒相伴，两人的感情迅速升温。

柳如是写了一首诗，赠给钱谦益：

声名真似汉扶风，妙理玄规更不同。
一室茶香开淡黯，千行墨妙破冥蒙。
竺西瓶拂因缘在，江左风流物论雄。
今日沾沾诚御李，东山葱岭莫辞从。

柳如是仿古真迹

她将钱谦益比作东汉著名学者马融，赞赏他有"江左风流"的王佐之才，又将自己比喻为捧瓶持拂的侍女，表达了对钱谦益的崇拜与爱慕……

对于钱谦益来讲，在自己仕途潦倒之际，还能得如此美妙的一个知己，真可谓是人生之幸。两人情投意合，为了不委屈柳如是，钱谦益在一只华丽的画舫上摆下酒宴，以"匹嫡之礼"迎娶柳如是过门。

然而彼时，士大夫以大礼迎娶风尘女子，是一件极其伤风败俗之事，影响很坏。再则，钱谦益的原配尚在人世，他却以匹嫡之礼相娶妾室，这也于礼不合。

他们的结合，对于钱谦益来说，有损声名。

但是对于社会的舆论，钱谦益却是毫不在乎。他说："买回世上千金笑，送尽平生百岁忧。"

柳如是感觉自己这一次，真的选对了人。

过门之后，钱谦益盼咐家人一律称呼柳如是为"夫人"，自己也敬称她为"河东君"。

崇祯十六年（1643）冬天，钱谦益在西湖之畔，为柳如是修建了一座"绛云楼"，楼中置满钱谦益的半生藏书。又根据《金刚经》当中"如是我闻"的这句话，钱谦益将小楼中的一室命名为"我闻室"，也是为了与柳如是的名字相合。

小楼落成之际，钱谦益为此赋诗一首：

> 清尊细雨不知愁，鹤引遥空凤下楼。
> 红烛恍如花月夜，绿窗还似木兰舟。
> 曲中杨柳齐舒眼，诗里芙蓉亦并头。
> 今夕梅魂共谁语？任他疏影蘸寒流。

柳如是则回赠一首：

> 裁红晕碧泪漫漫，南国春来正薄寒。
> 此去柳花如梦里，向来烟月是愁端。
> 画堂消息何人晓，翠帐容颜独自看。
> 珍重君家兰桂室，东风取次一凭阑。

二人在绛云楼里读书论诗，琴瑟和鸣，夫妻恩爱，羡煞旁人。

提及柳如是与钱谦益，明末清初的思想家黄宗羲说："柳姬定情，为牧老平生极得意事，缠绵吟咏，屡见于诗。"

这是他们人生中最为惬意美满的日子。

然而这样的平静十分短暂，很快，清军的铁蹄踏破大明的江山，也踏碎了柳姬牧老的温馨生活。

6. 你殉国，我殉夫

崇祯十七年（1644），李自成的农民军推翻了明朝，崇祯帝自缢于煤山。清军很快就占领了北京。同年，明朝江南旧臣积极拥护福王朱由崧，在南京建立了弘光政权。柳如是面对家国江山风雨飘摇，心中也充满了斗志与激情，她积极地投身到反清复明的斗争中去，并支持钱谦益做了南明的礼部尚书。

然而到了第二年的夏天，清军南下，攻破了南京，为时一年的弘光政权宣告结束。在政权交替之际，所有的士大夫都将面临人生的抉择——他们该何去何从。

钱谦益有钱谦益的想法，柳如是有柳如是的想法。

他们的想法在经过了许多次的碰撞之后，钱谦益似乎也向柳如是妥协了。

那一日，柳如是与钱谦益泛舟于常熟尚湖之上。

柳如是再一次说出自己的想法："如今既已是清朝的天下，老爷不妨以死全节，万不可投降清廷，侍奉二主，做两朝之臣。"

钱谦益有些焦虑，问："我若死了，那么河东君又该怎么办？"

柳如是道："你殉国，我殉夫。"

如此斩钉截铁，叫钱谦益深感汗颜。

沉思许久，钱谦益用手试了试水温，摇了摇头："水太冷了，不能下。"

这话叫柳如是心中一窒，她第一次对眼前的这个男人感到了失望。她又悲伤，又羞愧，纵身一跃，跳进湖里。

钱谦益吓了一跳，赶忙命人将她救上岸来。

虽是捡回了柳如是的一条命，可却失去了柳如是爱他、敬他的一颗心。

柳如是再次提出自己的另一个想法："既然牧翁不愿殉国，那我们不妨隐居世外，不事清廷，不做贰臣，你可答应？"

这一次，钱谦益同意了。

但是当时，钱谦益的故交同僚，比如河南巡抚越其杰、河南参政兵备道袁枢等，都因不愿仕清，相继绝食而死。

然而在答应柳如是之后不久，钱谦益却剃了头发，准备北上任职。

对于丈夫出尔反尔，贪生怕死，柳如是感到羞愤不已。她拒绝与钱谦益一同北上，她要留在南京，继续投身于反抗清廷的活动中。

钱谦益到了北京以后，原以为会混个宰相来当，谁料清廷只给他一个"礼部侍郎"兼任"翰林学士"的闲职。不仅如此，他还因衣服着装的问题，被人嘲笑为"两朝领袖"。对于接二连三的冷遇与嘲讽，钱谦益不免感到有些心灰意冷。而柳如是的气节，也让钱谦益感到羞愧，以至于每每收到柳如是劝归的书信，他便陷入了进退两难的困境。

对于效忠清廷的钱谦益，柳如是并未完全放弃。她不断地写信规劝，一面讲述相思之苦，一面劝他急流勇退，一面勾勒未来归隐山林的惬意生活。

钱谦益左思右想，觉得"功名富贵，贵在知足，年逾花甲，夫复何求"甚有道理，于是决定托病辞官。

很快，清廷同意了他的请辞。

钱谦益回到家乡，从此不再过问朝廷之事，他与柳如是醉心于山野平凡生活，并在柳如是的支持下，暗中资助反清复明。

然而世事难料，很快，这位花甲老人就要面临牢狱之灾。

7. 尘埃落定

在柳如是的影响下，钱谦益投入到反清复明的行动中去。而他的门生黄毓琪因为写诗讽刺清廷而被捕。这件事，很快就牵累到钱谦益。钱谦益被捕入南京大狱。

当时是顺治五年（1648）四月，柳如是刚为钱谦益生下一个女儿。丈夫命在旦夕，柳如是不顾产后身体虚弱，四处奔波，求人相助。同时，她也托人说服已经定了死罪的黄毓琪，矢口否认与钱谦益相关。

在柳如是的积极奔走之下，终于救出了被困在大牢之中的钱谦益。

钱谦益出狱之后，百感交集，对柳如是也愈发敬重。他发出感慨："恸哭临江无孝子，徒行赴难有贤妻。"

此后，钱谦益、柳如是与郑成功、张煌言、瞿式耜、魏耕等抗清志士积极联系，夫妻二人竭尽全力资助、慰劳抗清志士。

顺治七年（1650），因为一场意外的火灾，绛云楼毁于一旦。

柳如是只好随同丈夫钱谦益，移居常熟白茆港芙蓉村的红豆山庄。

康熙三年（1664），钱谦益老病去世，享年83岁。

一个月后，钱家族人冲进红豆山庄，争夺钱家财产，逼得柳如是悬梁自尽，享年47岁。

这个毕生写满传奇的女人，用一丈孝布，草率地结束了一生。

柳如是死后，因为出身低微的缘故，没能与钱谦益合葬。她的墓地，与钱谦益及原配夫人的合葬之墓，相距仅有20米。

墓前石碑上书：河东君之墓。

白云苍狗，野马尘埃，人生一世，终究要赴此归途。

柳如是这个在风尘中飘零的奇女子，怀揣着深厚的家国情怀与政治抱负，不屈不挠地与这世间的不平抗争着。

鸳鸯蝴蝶派作家徐天啸，曾经点评她：

> 其志操之高洁，其举动之慷慨，其言辞之委婉而激烈，非真爱国者不能。

时间再次回溯到 30 年前。

彼时的柳如是还是个稚弱少女，她生活在盛泽归家院。在这里，年幼的她遇见了人生中的第一个偶像，娄东名士张溥。

小小年纪的柳如是，曾对张溥说："中原鼎沸，正需大英雄出而戡乱御侮，应如谢东山运筹却敌，不可如陶靖节亮节高风。如我身为男子，必当救亡图存，以身报国！"

这，也许就是她人生最初，也是最终的理想。

参考文献

1. 陈寅恪：《柳如是别传》，团结出版社，2020年。
2. 张继合：《"秦淮八艳之首"，如何被逼死？》，《文苑·经典选读》2012年第2期。
3. 李新刚：《柳如是：最有气节的秦淮名妓》，《文史博览》2009年第6期。
4. 孙悦：《西湖边的红颜》，杭州出版社，2012年。

第十一章
——
风雨年年无了休
清初黄媛介

【人物档案】

姓名：黄媛介

字号：皆令

年代：明末清初

民族：汉族

职业：诗人、书画家

出生地：浙江秀水（今嘉兴市）

出生时间：1620年（一说1621年），即明神宗万历末年，或明熹宗天启初期。

去世时间：清康熙八年（1669）

代表作：《长相思·春暮》《临江仙·秋日》

点评：黄媛介是生活在明末清初的著名才女，她出身于儒士之家，才情与人品兼备，有着"林下之风者"的雅称。所谓"林下之风者"，是指有如东晋才女谢道韫那样，既有敏捷的才思，又敢于冲破世俗性别的束缚。黄媛介精神独立，经济独立，绝非寻常柔弱的女子。在她的身上，还具有高傲的品节与悠然清雅的气质，是古代才女中的异类。

相关景区：西湖

1. 贫况不堪门外见，依依槐柳绿遮天

昨晚下了一夜的春雨，西湖水面略略有些增长。岸边的石板小路上，雨水还未完全干去，留有许多湿意。

可是游人如织，却叫这带着微微寒意的晚春西湖，多了些许暖意。

有一位个子不高，身材瘦小，但腰杆却挺得笔直的小娘子，寻来一处较为干净的地方，将挂在身上的那个硕大的背篓放下，又支好架子，开始摆摊儿。她将背篓里的字画一卷一卷地摊开来，放在支架上的席子上，又拿出一些干净的纸和笔，倘若有人前来求字求画，她就现场为别人作。

这是钱谦益、陈维崧第三次见到那个摆摊儿卖字画的小娘子了。

他们坐在西湖边的画舫上，与画舫主人柳如是品茶下棋，悠然享受着和煦的春光。对于岸上发生的事情，再时不时地评头论足一番。

那个摆摊儿卖画的小娘子，吸引了他们的注意力。

陈维崧道："看她年纪倒是不大，个子不高，人也瘦弱。虽是荆钗布裙，未施脂粉，却别有一番风情韵味。"

钱谦益摸了摸胡子，说："她的字画颇有风骨，应算得上是上乘之作。可如今正逢乱世，真正舍得掏银子买字赏画的人，却是不多。她这个生意，大概也赚不了什么钱。"

说罢，钱谦益又朝那位小娘子看去。但见那小娘子嘴角轻抿，面上微微有些愁容，想必今日还未有收入。

柳如是闻言，也不免多看了她两眼。

三人正议论着，却被远处突然传来的吵嚷声给打断了思绪。

那岸边摆摊儿卖画的娘子，可能遇到了一些麻烦。

黄媛介看着眼前这三个酒气冲天，身着锦衣，脸上带着淫亵笑意的男子，便知道，该来的总归还是来了。

一个良家妇女，抛头露面，摆摊儿卖画，本来就不被这世俗所容，必然会引来非议与麻烦。

但若非为了生计，她又何至于此呢？倘若丈夫能够陪在身边就好了。可他要在家操持家务，照料孩子，编织箩筐。家里，总得要有一个人。

正想着，那三人已近至跟前，摇摇晃晃，挑挑拣拣，瞧着她的脸，满脸的不怀好意。

其中一位，轻佻地说："小娘子长得可真漂亮呀。"

黄媛介微微一笑，从容应对，说道："三位客官，可有瞧上我家的哪幅字画？"

另一位说道："画儿，我们倒没怎么瞧上。但人嘛……少爷我倒是觉得甚好。"

一直没说话的那一位，也开了口："小娘子才貌双全，在街头卖画实在可惜，与其吃这般苦头，不如随少爷我回府去，定然不会亏待你。"

说完，这三人便得意忘形地哈哈大笑起来。

画舫上的柳如是见状，忙要寻来伙计去帮忙。

却叫钱谦益给拦住了。

"且看这小娘子如何应付。"

那三个登徒子嘴上占完便宜，便要上前替黄媛介收拾东西。谁料，却叫黄媛介平和但有力量的一句话给镇住了。

"多谢三位客官美意。在下虽一介女流，但凭手艺吃饭，自给自足，乐得逍遥，又何来的可惜？西湖的湖光山色如此美好，能在此卖画，本来就是一种享受，又何苦之有呢？"她顿了顿，又笑着对这三人说道，"但既然三位客官对在下如此关怀，不如在下就写一首诗，用以酬谢三位。"

那三人还来不及说什么，便见黄媛介铺纸提笔，恣意洒脱地写道：

著书不费居山事，沽酒恒消卖画钱。
贫况不堪门外见，依依槐柳绿遮天。

见她如此风节高雅，不卑不亢，登徒子们也觉得有些惭愧了，连连拱手，便转身离开了。

画舫之上的人瞧完了整个过程，也是心生敬意。

柳如是看着远处的黄媛介许久，娇俏的脸上扬起一丝淡淡的笑意。她唤来侍女，低声说道："去那位小娘子处买一幅画，并问问名字。"

2. 良驹不配双鞍，好女不事二姓

傍晚的阳光乘着彩云，渐渐隐入暮色里。金光打在西子湖畔，伴随着络绎不绝的人们走向归途。

一个瘦削的身影，从石板小路的尽头走来，然后拐入一个翠柳低垂的小巷子，走向一扇半开的木门。

她怀里抱着几卷画，背上挂着蒲垫与席子，以及满满当当一背篓的画作，向门内的人打招呼："我回来了。"

两个六七岁的稚童闻声，立时从屋子里欢快地迎了出来，边跑边朝她呼喊："娘亲！"

尔后有一男子从屋内出来，接过她背上的背篓与手中的字画，轻声说："娘子辛苦了，洗洗手，准备吃饭吧。"

她点了点头，洗罢手坐到桌前来，看着儿女争相告

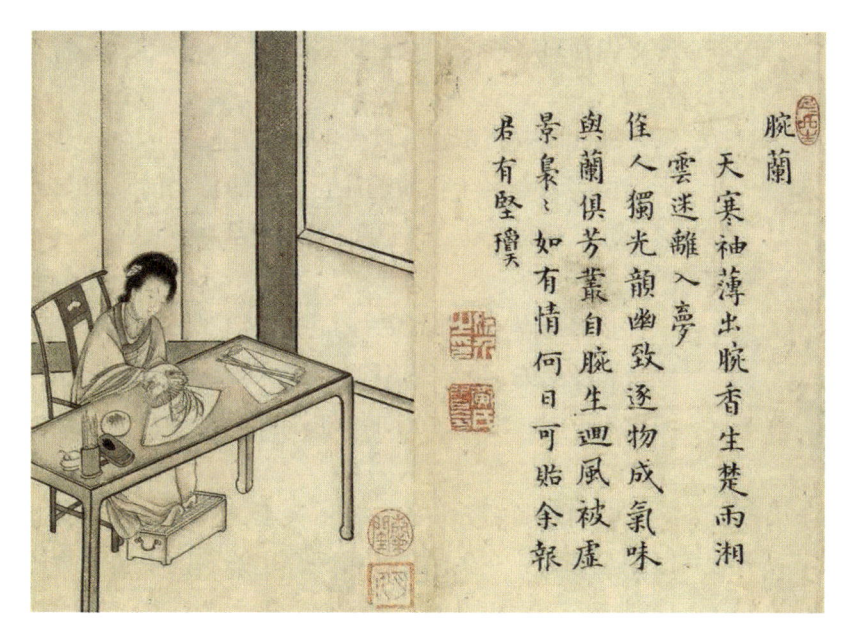

黄媛介小像

诉她今日爹爹又教他们读了哪些书、写了哪些字，她倍感欣慰，并为自己多年前的决定而感到庆幸。

十岁那年，父亲将她许给了同窗好友的儿子杨世功。两家倒是相距不远，又都是诗书相传的人家，门当户对。她与杨世功从小一起长大，青梅竹马，感情十分要好。原以为待她及笄之后，便可以讨论嫁娶之事。奈何时局动荡，科举取士之路因此而断绝，黄杨两家的日子便愈发地艰难了。

因为家穷，无钱娶亲，杨世功在科举考试落第之后便离开了家乡，想要在外面讨了生活再回来迎娶黄媛介。

可是等了一年又一年，却不见杨世功的归期。

家中的日子实在是过得艰难，姐姐黄媛贞为了谋条生路，不得已便嫁给了贵阳太守朱茂时做妾。而哥哥黄鼎平也弃文从商，做起了小买卖。

与此同时，黄媛介才女的美名却已流传在外，以至于吸引了太仓名士张溥的注意。张溥慕名前来求亲，黄媛介的父亲有些动心，想要将女儿改配给他。

张溥是崇祯四年（1631）进士，很有才华，著述颇丰，题材涉及文史、经学等各科。除此之外，他还很擅长散文、时论与诗词，是个远近闻名的文学大家。

倘若是黄媛介肯嫁给他，夫妻二人不仅在学识上可以相互唱和，在生活上，黄媛介也能够摆脱当下贫苦的境遇。

可是黄媛介却毫不犹豫地拒绝了。她很生气，对父亲说："良驹不配双鞍，好女不事二姓！"

父亲见女儿十分坚决，便没有再强求。

黄媛介认为，既然她早已许配给了他人，又怎么能够因为对方现时家里穷就毁了婚约呢？那张溥虽然声名远播，却早已有了家室。黄媛介如若嫁给他，也就只能屈做妾室。

这对于黄媛介来说，是绝不可能的事情。她是如此心高气傲的一个人，又怎么可能会委屈自己，去做他人的妾室呢？

黄媛介的心中，始终装着一个人。她在等着杨世功的归来。

不久以后，黄媛介拒绝名士张溥求亲的消息，连同黄媛介的诗词一道，被送到苏州的杨世功手里。

那首诗词，名叫《菩萨蛮·秋思》：

芙蓉花发藏香露，白云惨淡关山路。愁思惹秋衣，满庭黄叶飞。　绣阁窗乍卷，梦与离人远。秋雨又如烟，魂销似去年。

杨世功读罢，心中感到愧疚万分。他立即收拾行李，回到家乡，迎娶黄媛介。

杨黄两家一切从简，抛除了繁文缛节，开开心心地为儿子女儿操办了婚事。

但是婚后该如何养家糊口，却是一道难题。杨世功没有什么大的本领，除了读书，便只有在苏州学会的竹编手艺。凭着编一些簸箕之类的东西，换取生活费用，日子过得十分艰难。

而且因为战乱不断，杨世功常常满载而去，又原封不动地满载而归。当时他们的生活境况是"衣帔绽裂，儿女啼号，积雪拒门，炊烟断续"。

面对生存的压力，黄媛介也十分焦急。她将心中的寒苦抒发在诗词当中：

临江仙·秋日

庭竹萧萧常对影，卷帘幽草初分。罗衣香褪懒重熏。有愁憎语燕，无事数归云。　秋雨欲来风未起，芭蕉深掩重门。海棠无语伴销魂。碧山生远梦，新水涨平村。

一痕山送西湖色

在迷茫与痛苦，以及孩子饥饿的啼哭声中，黄媛介想到自己还有一个写字作画的本领。于是，便萌生了摆摊儿卖字画以求生存的想法。

这个想法一说出来，就遭到了杨世功的极力反对。

在当时的社会，很少有良家妇女会为了生计奔波而抛头露面。因为这样的行为会被世人痛斥有失妇道，会被人说闲话。

可是人活着，总要吃饭，取悦别人毕竟又不能填饱肚子。

实在是没有别的生路可走了，黄媛介还是毅然决定摆摊儿卖画，贴补家用。

天色暗了下来，窗外又下起了雨。

杨世功安抚好孩子入眠，又来到灯下画画的妻子跟前，轻声说："孩儿他娘，先歇息吧，明日应当还是会继续下雨。地湿路滑，你正好可以休息一日，不必再去摆摊卖画了。"

黄媛介抬起头，看了一眼窗外，说："虽说明日不必摆摊，但还是要去对岸的林家，为她家孩儿辅导课业的。"顿了顿，又笑着说，"你莫催我，还有两笔，画完就睡。"

"那我编簸箕陪着你。"

"好啊。"

春雨潇潇，一人画画，一人劳作，倒也并不寂寞。

3. 才华直接班姬后，风雅平欺左氏余

收到柳如是的宴会请帖，黄媛介有些意外。

那一日，她正和丈夫忙着"牵萝补屋"：

> 石移山去草堂虚，漫理琴尊葺故居。
> 闲教痴儿频护竹，惊闻长者独回车。
> 牵萝补屋思偏逸，织锦成文意自如。
> 独怪幽怀人不识，目空禹穴旧藏书。

最近连着下了好几天的雨。也不知道是夜猫还是路过的雀鸟淘气，竟然将这本就简陋的茅草屋顶上刨了个洞。以至于那几天是"屋外大雨，屋内小雨"。

来访的使女抬眼瞧着屋顶上的女子，不禁有些诧异，

怯怯问道："请问，这里是黄媛介先生的府邸吗？"

屋顶的黄媛介闻言一愣，瞧着扶梯的丈夫一笑，尔后又同来访者说道："我便是。"

使女举帖，恭敬拜道："河东君柳如是夫人差奴来请先生到府一叙。"

柳如是是歌伎，是才女，也是江湖人称"秦淮八艳"的首艳。她的才情很高，名气也很大。在不久前，江左三大家之一的钱谦益，还大张旗鼓地迎娶了柳如是做侧房夫人，并为她在虞山打造了壮观华丽的"绛云楼"与"红豆馆"。

这个地方，后来成为柳如是生活读书、宴请重要宾客的场所。

黄媛介与柳如是、钱谦益的相识，便也是从这里开始的。

在这种文人雅士聚集的场所，个个皆是华衣丽服，奢华隆重。唯有黄媛介，一袭布衣，未着脂粉，清丽脱俗有别众人。

柳如是见她生活贫苦，有一日，便同她提议道："我知道有一些名人文会，很是需要唱诗作陪的才女。以皆令的才情，定然大受欢迎。倘若皆令愿意，我愿作介绍……这种文会，是有酬金的，皆令不仅可以多交一些朋友，还能赚取一些家用。"

黄媛介闻言一愣。虽然觉得被冒犯，却也理解柳如是乃是一片好意。

她微笑着谢绝了柳如是的提议。

坐在一旁的钱谦益听了，不禁笑道："皆令虽然生活贫苦，但清诗丽画，点染秀山媚水之间，也未尝不是一件乐事呀！"

黄媛介一听，不禁欣然一笑："牧斋先生知我。"

尔后写词《眼儿媚·谢别柳河东夫人》酬谢柳如是：

黄金不惜为幽人。种种语殷勤。竹开三径，图存四壁，便足千春。　匆匆欲去尚因循。几处暗伤神。曾陪对镜，也同待月，常伴谈筝。

黄媛介宁可街头卖画生活清贫，也不肯屈尊在文人诗会上以卖笑为生，这件事又成了她品德高洁的一段佳话。

很快，她的才情过人又品节如兰，引起了才女商景兰的注意。

商景兰是浙江绍兴人，父亲是明朝兵部尚书商周祚，丈夫是抗清名臣祁彪佳。商景兰的声名很盛，她膝下的子女，个个皆是多才多艺之辈。

收到商景兰的请帖之后，黄媛介欣然赴约。

此后，在不断的交往之中，黄媛介不仅与商景兰结为了闺中知己，还收了商景兰的女儿德渊、德琼、德宧，儿媳张德蕙、朱德蓉为弟子。

商景兰非常欣赏黄媛介，曾写诗盛赞黄媛介：

才华直接班姬后，风雅平欺左氏余。

在商景兰心中，黄媛介的才华是直接继承了汉代女学者班昭，风雅才情则较西晋女诗人左芬很是有余。

得知己如此，黄媛介在杭州生活的那些年，也许是清贫的，却也是满足与快乐的。

有诗为证：

佳园饶逸趣，远客一登台。
薜老苍烟静，风高落木哀。
看山空翠湿，觅路乱云开。
欲和金闺句，惭非兔苑才。

以及：

懒登高阁望青山，愧我来年学闭关。
淡墨遥传缥缈意，孤峰只在有无间。

4. 风满楼，雨满楼，风雨年年无了休

公元 1666 年，是农历丙午，马年。也是南明永历二十年，清朝康熙五年。是一个平年。

这一年，黄媛介 46 岁。

京城的一位吏部官员，在得知黄媛介的大名之后，立即差人送来了聘书与聘金，邀请黄媛介赴京，为他的女儿做塾师。

黄媛介欣然接受。她带着儿子、女儿和丈夫，想着

一家人在京城谋生，至少也能整整齐齐，还能在一起。

于是，他们便踏上了北行的旅程。

然而这一次出发，却成为她人生中最痛苦的选择，也是最大的遗憾。

上京的路途十分遥远且艰苦。不仅要翻山越岭，还要跋山涉水。这一路颠簸，指不定就遇见了意外。黄媛介的心中很是担忧。

果然，在抵达天津的时候，黄媛介的儿子不慎落水，溺水身亡。

她抱着儿子的尸体号啕大哭。后悔，懊恼，悲痛欲绝。她从未想过，原以为这是给家庭一条生路的选择，却将儿子送上了死路。

料理完孩子的身后事，黄媛介到聘主家赴职。

然而天有不测风云，人有旦夕祸福。由于长途跋涉，再加上水土不服，黄媛介的女儿也因病不幸夭折了。

身边只剩下丈夫杨世功。

黄媛介痛心疾首。命运为何如此捉弄人，来到北京还不到一年，她便落得个家破人亡的下场。

她写下《长相思·春暮》：

风满楼，雨满楼，风雨年年无了休。余香冷似秋。
卖花声，卖花舟，万紫千红总是愁。春流难断头。

黄媛介楷书七言诗扇

然后拜辞聘主，收拾行李，同丈夫一道离开京城。

可这归途的每一步，走来却是极为痛心。大明气数已尽，半生颠沛流离，再看身边的亲人死的死，散的散，到了清明之时，黄媛介的心中，有万种愁思涌上心头：

倚柱空怀漆室忧，人家依旧有红楼。
思将细雨应同发，泪与飞花总不收。
折柳已成新伏腊，禁烟原是古春秋。
白云亲舍常凝望，一寸心当万斛愁。

路过金陵之时，黄媛介与丈夫收到了佟国器夫人的请帖，请她入府一叙。

佟国器是清朝二品官员，他的堂妹佟佳氏，是顺治皇帝的嫔妃，康熙皇帝的生母。

在金陵，佟府僻园，佟夫人充满崇敬与怜悯地拖着黄媛介的手，说道："先生半生颠沛流离，羁旅他乡，不妨今后就住在僻园，读书习字，种竹养花，自在余生吧。"

这一次，黄媛介没有拒绝。

她实在是累了，漂泊了半生的心想要找一个地方歇歇脚，找一个依靠，休息一下。

可是这一歇，她的人生便也走上了归途。

两年后，黄媛介患病，久治不愈，最终在愁苦之中，走完了她贫苦又潦倒的一生。

人物简介

黄媛介，字皆令，出生于江南嘉兴书香世家。从小，黄媛介就受到了良好的文学教养，及长辈声南北。她尤其擅长书法，宗于钟繇和王羲之，世人常将她比作古代的卫夫人。除此之外，她还擅写小楷，笔意萧远，仿《黄庭经》最精。还工诗赋，精山水，很得吴镇神韵。

明末东林党领袖、文学家张溥曾慕名求娶，又与文学家吴伟业、王士祯等皆有交谊，与钱谦益、柳如是的关系更是密切，诗作多所唱和。吴伟业在《鸳湖闺咏》当中，曾对黄媛介的艺术成就倍加赞赏。

但是黄媛介的身世相当坎坷。未婚夫杨世功家境贫困，流落异乡，父兄都曾劝说黄媛介改嫁。但黄媛介誓死不从，最终等待杨世功返家，才得以出嫁。在清兵进占江南的时候，黄媛介曾不幸被掳，后来才辗转得归。明朝灭亡以后，黄媛介家破，不得已，她以轻舟载笔砚辗转于吴越之间，曾僦居杭州西泠桥堍，卖诗画自活。再后来，她做了名门闺秀的塾师，并将此职业持续终身。

黄媛介著作颇丰，有《湖上草》《越游草》《离隐词》等作品流传于世。

而黄媛介的画作书法，遗存到现代的有《流虹桥遗事图》。她的画迹清丽，图以吴江文士叶元礼的爱情故事为题材，通篇清丽动人，系应王士禛所嘱而作，画上有王士禛的题诗。此图后来被女诗人吴芝瑛收藏，吴芝瑛也有加题跋，此外，还录有诗人郭频伽词作。这幅画是一件弥足珍贵的传世文物。

黄媛介有兄长象山，姐姐媛贞，亦很有才，擅长诗文。

参考文献

1. 周淑舫：《林下风者——论明清鼎革之际金闺兔苑才的黄媛介》，《嘉兴学院学报》2013年第1期。
2. 李垚、董双叶：《黄媛介：明清之际的诗画才女》，《齐鲁艺苑》2009年第2期。
3. 许妍、肖捷飞：《晚明几个女文人的婚姻》，《戏剧之家》2015年第22期。
4. 邱江宁：《柳如是、王微、黄媛介的文学史地位》，《光明日报》2006年12月1日。

第十二章 伊人不可逢——清代陈端生

【人物档案】

姓名：陈端生

字号：云贞

年代：清代乾隆时期

民族：汉族

出生地：浙江杭州

出生时间：1751 年

去世时间：1796 年

代表作：《再生缘》《绘影阁诗集》

相关景区：杭州西湖

第十二章 伊人不可逢——清代陈端生

1. 才也而德即寓焉

公元 1751 年，也是乾隆十六年。

这一年的正月里，乾隆皇帝以"省方问俗，考察官方戎政，阅视河工海防，了解民间疾苦，奉母游览"为由，启程往南，开始了人生中的第一次南巡江浙。

因为皇帝的缘故，从京城到杭州的两千五百里路，沿途百姓皆以为幸。

在杭州西湖之畔的河坊街，有一户陈姓人家，父亲在朝中做官，儿子还未考取功名，便与母亲、妻子留在杭州老家。

皇帝南巡之时，沿途百姓都争相想要一睹圣颜。

可那一日，陈家上上下下，却没有一人去凑那热闹——这家的少夫人临盆，上上下下可都忙成了一团。

晚霞璀璨，毫不吝啬地染红了云彩，天下一派祥瑞之象。

可陈家少主人却没有一丝半点儿的心思去欣赏那天的美景。他背着手，焦急万分地在院子里来回踱步，时不时地抬头看一眼妻子的厢房。

陈家主母也很着急，却又莫可奈何。

过了一会儿，从那厢房之中出来一个婢女。

婢女面露忧色，低声说道："夫人，少夫人难产，听稳婆讲，再这样下去怕是母子堪忧……"

陈家主母闻言，吓得赶忙双手合十，口中不断念叨"阿弥陀佛"。

正焦灼中，管家送来了一封信函。

"夫人，少爷，老爷从京师来信了。"

陈家少主人连忙拆开一看，除了父亲的家书以外，还有一篇父亲新写的文章。陈家少主人先读家书，不外乎是父亲在京任职，一切皆好之类的话。到了信的末尾，对于家中即将到来的第三代，他留下了无论男女，皆叫"端生"的嘱咐。

再看父亲寄来的这文章，主题也是奇妙，竟是《才女论》。

文中认为女性"讽习篇章""多认典故""大启灵性"，对于"治家相夫课子皆非无助"，也可以使得女子变得"温柔敦厚"。父亲鼓励女子要学知识，要成为有才气的人，因为"才也而德即寓焉"。

陈家少主人读完，正思索着父亲笔下之意，突然听见产房之内传来了婴儿的啼哭声。

他与母亲高兴得连忙往那屋子奔去。

稳婆抱着孩子走出门来，笑盈盈地向他们道喜："恭喜陈夫人、陈少爷，少夫人为陈家新添了一位千金小姐。"

陈家少主人闻言，喜上眉梢。父亲方才那封信中所讲"才女论"，莫不是寓意陈家新来的这位，堪堪是个大才女？

2. 舞文娱亲

公元 1768 年，乾隆皇帝在位的第 33 年。

17 年前，出生在杭州西湖边的陈家姑娘，已经长大成人，出落得亭亭玉立。因为祖父与父亲都在京城任职，所以，她也同家里长辈一道，来到了京城。

这一年的秋天，美得毫不费力。天那么高，那么蓝，那么亮，照得香山枫叶红得似血一样。

赏完枫叶的第二天，祖母想念杭州的亲人，便让伯父伯母陪同，回杭州省亲去了。

陈家位于外廊营的这间宅子，便只剩下陈端生与祖父陈兆仑、父亲陈玉敦、母亲汪氏，以及拜入大诗人袁枚门下做女弟子的妹妹陈长生五个人。

因为人少，所以也少了许多繁文缛节。

大宅院突然就显得空旷了许多。

白日里，祖父与父亲去衙门里工作，陈端生便同母亲和妹妹，一人执一卷书，静静地各自看着。

偶尔，她们也同旁的官家太太小姐们串串门儿，听听戏。日子过得轻轻慢慢，虽然无趣，倒也惬意。

有一日，母女三人在院子里的银杏树下，正吃着点心，分享着各自新近读的书。

陈端生突然说："母亲，这日子实在是无趣得很，不如，就让女儿写个故事给母亲和妹妹看吧……"

汪氏闻言，有些诧异。

妹妹陈长生却已应道："好啊姐姐，你写，我和母亲等着看。"

汪氏这才笑着问道："云贞想要写一个什么样的故事呢？"

云贞，是这位名叫陈端生的年轻姑娘的字号。

不待姐姐回答，妹妹已笑着抢答说："莫非是要写一个妙龄女子如何觅得如意郎君的故事？"

年轻的姑娘嗔怪地瞪了妹妹一眼，说："瞧你说的，姐姐怎会去写那些个情情爱爱的肤浅故事？"

"喔？那你想写什么呢？"

年轻的姑娘歪着脑袋想了想，说："我想写一个……女子敢想敢为、敢为敢当的故事……写她的才识与胆略，写她一个轰轰烈烈、浩浩荡荡的人生！"

说到这里，母女三人情不自禁地相视一笑。

在这个秋日的下午，来自西湖边上的年轻姑娘，萌生了创作的梦想。她实在是受不了整日里读书串门儿听戏听曲儿的无聊日子了。别人能写的，她也能写。当然，更多的原因，是她无聊得想写。

当天夜里，北方的天空突然下起了绵绵的秋雨，雨丝儿落在窗棂上、树叶儿上，就像一支催眠曲。

夜已深沉，陈府其他人皆已入眠，唯有陈府大姑娘陈端生的屋子里还亮着灯。

书案上，灯盏燃着一簇火苗，盈盈地摇曳着身姿。

坐在案前的姑娘，展开一张素笺，提笔蘸墨，落下：

第一回　东斗君云霄被谪

诗曰：静坐芸窗忆旧时，每寻闲绪写新词。纵横彩笔挥浓墨，点缀幽情出巧思。论事可关忠孝事，评诗原是拙愚诗。知音未尽观书兴，再续前文共玩之。

闺帏无事小窗前，秋夜初寒转未眠。灯影斜摇书案侧，雨声频滴曲栏边。闲拈新诗难成句，略检微词可作篇。今夜安闲权自适，聊将彩笔写良缘。

……

3. 知音已逝

"母亲,云南府是个什么样的地方呀?"

"那里呀,跟杭州城、北京城是截然不同的地方。"

"跟咱们登州府呢?"

"那也是不一样的。"汪氏笑着说,"云南府的首府春城昆明,那里的日照长,气候温和,夏无酷暑,冬无严寒,四季如春,草木长青,鲜花也是全年不谢,是个极其美丽的地方……"

陈端生聚精会神地听着,她的眼前仿佛出现了一座被花海包围的城市。在这座城市里,有一位名叫孟丽君的姑娘,她正在勇敢无畏地书写着别具一格的人生……

天清云淡,和风徐徐。

马车在往前走,马车内的母女三人正小声地聊着天。

在她们的马车旁边,有一个骑着马儿的,正是陈端生的父亲陈玉敦。

他刚被任命为山东登州府同知,眼下正带着全家前去赴职。

那时,是乾隆三十四年(1769)的秋天。

陈家大姑娘在去年落笔写下的那个故事,已经完成了八卷。

她本来就是一个大门不出二门不迈的闺秀，笔下故事当中的云南府，自然也是没有去过的。但是没关系，她可以请教母亲，听母亲讲那里的自然风景、人文风情。她的外祖父汪上堉，曾是云南府与大理府的知府，她的母亲因此在那里生活过很长的一段时间。母亲的见闻广博，为她的笔下铺陈了一个非常宽阔的天地。

陈端生专注地听着，默默地在心中记着每一个有用的讯息。她一边听着，一边构思，脑海里不断地涌现许多的故事情节，它们冲来撞去，想要冲出她的指尖，落在笔下。

在创作的过程中，陈端生也曾有过犹豫，也曾询问母亲：

"母亲，当今世间，男尊女卑，男子可以考取功名，女子却要束缚思想，约束行为。这实在是不够公平。"

对于这个问题，汪氏先是赞同："这世间，本就没有那么多的公平可言呢……"但说到这里，汪氏又微微一笑，接着说道："不过，我儿既然知道这个现实，为何不在笔下，创作出一个男女平等的世界呀？"

陈端生的脑海中，电光石火般来了灵感，她兴奋地击掌，说道："母亲懂我。我就要在笔下，勾勒出一个不畏世俗之见，不畏生死之惧，勇敢打拼人生，争取自己幸福的女子。我要让她考取功名，还要像我祖父、外祖父、父亲那样，在朝堂上做官，让她当上宰相，推行新政，让百姓受惠，让天下政清人和。"越说越兴奋，陈端生的眼睛亮得仿佛星星一样。

汪氏与小女儿陈长生相视一笑。

陈端生终于也觉得自己似乎过于激动了些,便又腼腆一笑,问道:"母亲,您说女儿的这个想法,对是不对?"

汪氏满怀欣慰地看着女儿,微笑着点了点头,说:"我儿的想法,是极其正确的。你不必担心太多,就按照你所想的,大胆去写吧。母亲和长生,都很喜欢你写的这个故事。"

长生也笑说:"姐姐,你的故事写得这般好,倘若是刊印成书,定然会大受欢迎。"

陈端生闻言,却是撇了撇嘴,摇了摇头,说:"我才不要给别人看呢,那些个俗人又怎么会懂我想要写什么呢?我的知己,有母亲和你就已经足够了。"

为了表明心迹,她还专门写了一首诗:

芸窗纸笔知多贵,秘室词章得久遗。
不愿付刊经俗眼,惟将存稿见闺仪。

山东登州府地处海滨,风景十分优美。在这样的环境里写作,陈端生感到非常痛快。

她与父亲、母亲、妹妹相偕游览,并奋笔落下诗篇:

地临东海潮来近,人在蓬山快欲仙。
空中楼阁千层现,岛外帆樯数点悬。

然而天有不测风云,人有旦夕祸福。

在他们全家到达登州府之后不久，因为长途跋涉，舟车劳顿，汪氏病倒了，病得很严重。

此后，有很长的一段时间，母亲卧在病床上，妹妹长生伺候在身旁。

而陈端生，则在母亲房内的书案前奋笔疾书。她想要抓紧时间写完这个故事，再念给母亲听。

那个时候，陈端生所有的创作动力，都是为了写给母亲和妹妹看。

母亲偶尔会提些意见，但是以鼓励居多。

反倒是妹妹陈长生，建议频频。

"姐姐，孟丽君的性格不要走偏了，她可是一个敢于反抗、敢于斗争，忠于国家、忠于爱情的巾帼女子呢，她是要做宰相的人，切不可扭捏作态啊。"

"知道啦。"

……

"等等，姐姐，让风流倜傥的皇帝与貌似潘安的少年宰相携手相游，你不觉得他们之间有些怪怪的吗？"

"哪里怪怪的？"

"当然很奇怪啊。你看啊，这个时候的孟丽君呢，在大家心里还是个男儿身哪，皇帝对她如此亲密，会不会叫读者瞧了，以为他有好男色的嗜好？"

"嗯？有吗？"

"喏，你想一想啊，就好比是当今圣上，对咱们父亲，表现得过于亲密时，你想一想你的感受……"

陈端生微一思索，不禁打了个寒噤。不可细想，不可细想。

见到姐姐的反应，陈长生的眉眼都笑成了月亮。她接着说："所以呀，丽君姑娘的性格不能偏，她是个要为皇帝治理天下的人，要做到'不卑不亢，正义凛然'，才能与皇帝共同协作，达到'君明臣直国运昌'啊。"

"妹妹说得对！"接受了建议，陈端生兴致勃勃地坐回到书案前，落笔写下：

> 绿荫如盖遮骄阳，亭台楼阁绕回廊，青山绿水通幽径，白鹤红莲映小塘。林中清泉叮叮响，山顶松柏郁苍苍……人在画中心莫醉，我还须谨言慎行且留神。

缠绵于病榻之上的汪氏，静静地瞧着两个女儿，内心得到了莫大的安慰。

陈端生知道母亲时日无多，所以夜以继日地进行创作，想赶在母亲有生之年，写完这个故事。

然而命运总是爱开玩笑，《再生缘》写到第十六卷时，陈端生的母亲因为疾病不治，撒手人寰。

这是他们举家来到山东登州的第七个月。

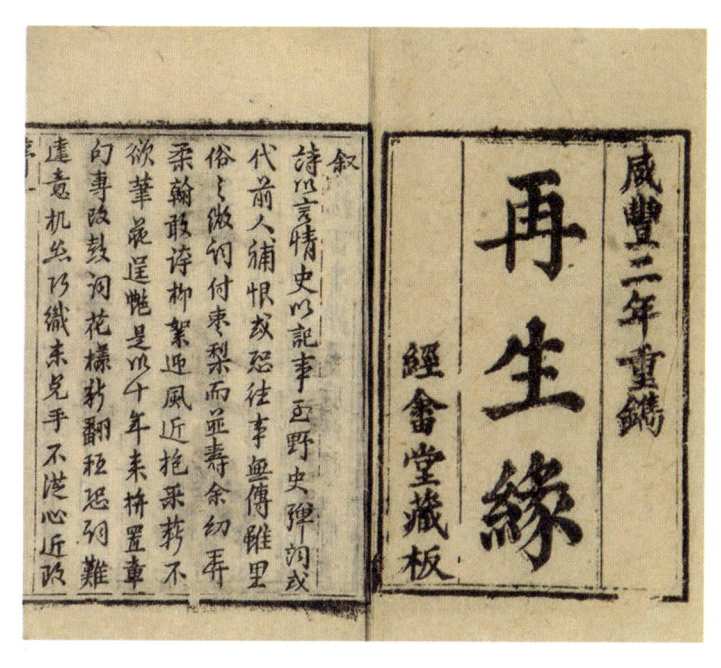

《再生缘》书影

陈端生感到痛不欲生。待安葬好母亲之后,她常常坐在母亲的房中静思。

在她跟前的书案上,摆放着一摞书稿。

她在这里一坐,便是整整一天。天黑了,可空白的纸笺却依旧空白着。

妹妹长生坐在她的对面,问:"姐姐,你怎么不写了?"

陈端生没有立即回答。她想了很久,才同妹妹说道:"不写了,一写,总会想起母亲。"

她默默地将所有的稿笺都收了起来,用丝帛包裹,装进了柜子里。

然后,她写下两句诗:

自从憔悴堂萱后,遂使芸缃彩华捐。

4. 相夫教子

公元 1774 年,是乾隆三十九年。

在这一年,陈端生嫁给了陈家的世交之子范菼。

祖父陈兆仑与范菼的父亲范璨不仅同在官场,还是挚交好友,两家缔结姻亲,是门当户对的良缘。

这桩婚姻对于陈端生来说,是美满的。她写道:

幸赖翁妇怜弱质,更忻夫婿是儒冠。
挑灯伴读茶声沸,刻竹催诗笑语联。
锦瑟喜同心好合,明珠早向掌中悬。

至于妹妹陈长生,也在陈端生出嫁后不久,被许配给了浙江名门,归安叶家的公子叶绍楏。

那时的女子结婚之后,她们的心思往往就放在了丈夫与家庭身上,陈端生对于创作似乎也不再有动力。她要辅佐丈夫考取功名,要孝顺公婆,要照顾家族亲缘关系,还要生儿育女。

一年后,她产下了一个女儿。

几年后,她又生下了一个儿子。

但是她的丈夫却始终未能考取功名。这对于范氏家族以及陈端生与丈夫的小家来说，都是一大憾事。

在乾隆四十五年（1780）的九月，久试不第的范菼，一时糊涂，做出了一个摧毁他自己人生，也摧毁了陈端生人生的错误决定：请人代笔。

此次科考案惊动了朝廷，乾隆皇帝下诏重罚案犯，共有七人受到了重罚。范菼被流放到新疆伊犁服刑。

因为范菼的原因，家族也受到了影响。陈端生带着一双儿女，在这样的环境里生存，处境可想而知。

她在《再生缘》十七卷中写道：

> 一曲惊弦弦顿绝，半轮破镜镜难圆。
> 失群征雁斜阳外，羁旅愁人绝塞边。
> 从此心伤魂杳渺，年来肠断意犹煎。
> 未酬夫子情难已，强抚双儿志自坚。
> 自坐愁城凝血泪，神飞万里阻风烟。

这，也许是她彼时处境与心境的真实写照罢。

5. 残稿未完

寒来暑往，光阴似箭。

范菼被流放，转眼已过了四年。

陈端生抚养着两个孩子，替丈夫孝顺着父母，恪尽本分，静静地等候着丈夫的归来。

也就是这个时候，在这个小院之外，正热火朝天地流传着一个与她相关的故事——《再生缘》在江浙一带，竟然悄无声息地流传开来。

对此，陈端生一无所知。

直到有一日，妹妹陈长生登门拜访。

陈长生挺着肚子，牵着陈端生九岁的女儿，手中拿着一卷《再生缘》的残本，来到姐姐简朴但却整洁干净的院子里，说道："姐姐，你可知道，如今外间许多人都在同我询问孟丽君后来如何了，我却不知该如何回答。既然这个故事如此受欢迎，为何姐姐不重新提笔，继续写下去呢？"

听闻此言，陈端生充满疲惫之色的脸上，勉强扬起一个苦涩的笑容。她淡淡说道："你姐夫尚在伊犁服刑，膝下还有两个稚子需要抚养，我又如何还有空闲去写这个故事呢……"

"其实姐姐每日不必写太多，但倘若是日日都写，哪怕只写一点点，也可积少成多。日积月累，久而久之，这个故事也就写完了。"

陈端生还想再做推辞，却听见身边一个清糯的声音。

"娘亲，你写吧……"

陈端生低下头，个子已经长至她腰腹以上的女儿，正扯着她的衣角，懂事地说："女儿会帮娘亲做饭，打扫，带弟弟，娘亲就放心去写吧，女儿如今识得字了，也和姨母一样，很想看的呢。"

这一幕，这一满怀期待的目光，似曾相识。女儿的话击中了陈端生的心，她的眼泪夺眶而出。

在许多年前，她的母亲和妹妹，也是这般鼓励她去写这个故事的。

陈长生也接着说："姐姐，母亲过世已经 12 年了。倘若母亲在天有灵，想必也是盼着要看《再生缘》的后续当如何发展的吧……你看，孟丽君改名叫作郦明堂，她长得那么漂亮，已经引起了皇宫里其他人的注意，他们灌了她的酒，正要脱她的靴子检验是不是缠过脚，可是写到这里，姐姐就停下来了，没有再继续写下去……这实在是，实在是……叫人心中焦急啊。"

陈端生叹了口气，感慨道："悠悠十二年来事，尽在明堂一醉间。"

当夜，夜深人静。可是陈端生房间里的灯，却是久久未歇。

后来，在很多个忙闲的时候，陈端生的儿子和女儿，都有见到母亲重新翻看自己过去写过的故事，她一边写，一边回忆，又一边做着笔记，一边构思着后面的情节。

关于被催稿的心情，陈端生也将它落于笔下：

> 惟是此书知者久，浙江一省遍相传。
> 髫年戏笔殊堪笑，反胜那，沦落文章不值钱。
> 闺阁知音频赏玩，庭帏尊长尽开颜。
> 谆谆更嘱全终始，必欲使，凤友鸾交续旧弦。

也许当时她的生活很苦，可是当作品受到更多的人所喜爱时，她也是十分满足与快乐的。

如果说，12年前，陈端生的写作是为了母亲与妹妹，那么在12年以后，她的写作，应该是为了她自己，也为了素未谋面的广大读者。

有诗为证：

知音爱我休催促，在下闲时定续成。
白雪霏霏将送腊，红梅灼灼欲迎春。
向阳为趁三竿日，入夜频挑一盏灯。
仆本愁人愁不已，殊非是，拈毫弄墨旧时心。
其中或有错讹处，就烦那，阅者时加斧削痕。

然而，老天给予陈端生安静创作的时间实在是太少了。她刚写完第17卷时，她的父亲陈玉敦便因病去世了。

紧接着，那个嚷嚷着要和姨母一起等着看母亲所写的故事的宝贝女儿，也因病夭折了。

丈夫远在天边，归期渺茫。

此时此刻，与陈端生相依为命的，只有她年幼的儿子。

陈端生心中的伤痛难以抑制，她再也承受不住，终于一病不起。

公元1796年，乾隆退位，嘉庆登基。新帝登基，大赦天下，流放伊犁16年的范菼，也终于可以回来了。

得知消息的陈端生喜极而泣。

然而此时的她，早已缠绵病榻多年。对于未来，她似乎也没有多少期冀。岁月留给她的，是无穷的磨难。倘若说这世间还有什么值得她感到欣慰的话，大约是她刚刚成年的儿子，终于能够见到他的父亲了。

这一年的冬天特别寒冷，丈夫还在归家的途中，可是陈端生却没有办法再强撑自己，活着见他最后一面了。

在一个大雪纷飞的夜里，陈端生留下一部未完的作品，永远地告别了这个世界。

6. 伊人不可逢

许多许多年以后。

江山已经换了容颜，天地如此清明，江山如此多娇。

一位文质彬彬的老者来到杭州西湖，探访陈端生的故居勾山樵舍。

他留下了一首诗：

> 莺归余柳浪，雁过剩松风。
> 樵舍勾山在，伊人不可逢。

这位老者，是中国现代著名的文学家、历史学家郭沫若。

郭沫若对《再生缘》的评价很高，将之媲美《红楼梦》，称二者为"南缘北梦"。

现代著名历史学家、古典文学研究家陈寅恪先生，也对《再生缘》十分欣赏。他认为"端生之书若是,端生之才可知,在吾国文学史中,亦不多见"。

《再生缘》这个故事,陈端生所著共17卷、60余万字,文体严格遵守七言排律,字句平仄一丝不苟,十分严谨。整篇故事的结构也极其精密,系统分明,情节一环扣一环。

但是由于陈端生生前没有将故事写完,所以后来由杭州女诗人梁德绳与丈夫许宗彦为其续写结局,但艺术性不及原著。

两百多年以来,《再生缘》被改编成评弹、木鱼歌、潮州歌、鼓词、京剧、越剧、黄梅戏、话剧及多种地方戏剧,以及电影、电视剧。

影响巨大,惠泽绵延。

参考文献

1. 孙跃：《西湖边的红颜》，杭州出版社，2012年。
2. 越剧《孟丽君》。
3. 张明泉：《勾山樵舍》，中国作家网2017年2月27日。
4. 袁行霈主编：《中国文学史》，高等教育出版社，2005年。
5. 盛志梅：《简论〈再生缘〉的艺术成就》，《名作欣赏》2011年第23期。

第十三章
——多少人间不共圆 清末许禧身

【人物档案】

姓名：许禧身

别名：仲萱、亭秋夫人

籍贯：浙江钱塘人

职业：诗人

丈夫：陈夔龙

出生日期：1858年六月初一

逝世日期：1916年八月十八

代表作：《亭秋馆诗钞》《亭秋馆词钞》

点评：清末才女，名门闺秀。在风云动荡的清朝末年，具有极高的远见卓识。其诗词清新秀丽，给人以水墨画般的美感。

相关景区：西湖右台山麓陈氏墓园、陈夔龙墓、钱塘许积厚轩老屋原址纪念碑

1. 忆亭秋夫人

1918 年，民国七年。

上海法租界着手修建泰安路。这条路虽然并不太长，但也造成了周边交通的不便利，以至于旁边的武康路也变得异常拥堵。

武康路上的商铺，却是极其高兴的。路虽堵了，可是人也多了。人一多了，每家每户的生意也就翻了倍了。

阿皮打工的这家洋装店，自打隔壁围栏修路之后，每日爆满，橱窗里的模特儿穿上衣服只消片刻工夫，就会又被脱下来。

阿皮帮模特儿换衣服都来不及。

这是他第二次看见那个痴老头儿了。

60 多岁的样子，长马褂寿头鞋，须发斑白，炯炯有神的一双眼睛与不怒自威的气派。这气派，似乎在说明他过去养尊处优的生活状态。阿皮只不过是多看了两眼，便在心中替那老头儿画好了谱子——想必是前清遗老。现如今在法租界，可是住了好大一帮前清遗老的。虽然先前也不知他在哪里任职，可瞧这气派，至少也应该是个总督的官衔。

便是这个人，站在窗外，盯着阿皮手中的模特儿瞧竟然有两三日了。

阿皮心中有些忐忑，总觉得这样盯着一个模特儿瞧不太正常。看起来好好的一个人，怎么脑子就不好使了呢？

正想着，那老头儿却走进店里来了，指了指阿皮身后的模特儿说："店家，劳烦你把衣服给她穿上。"

阿皮还没答话，他又说："再给她做一身儿绸缎，算算多少钱，我一并买走。"

阿皮愣住了。

买衣服的人冲着漂亮来，倒是可以理解，但是冲着模特儿来的，却是第一次遇到。

接着，又有一位老者跟着进来，在他身边还跟着三个男孩儿，一见白发老翁便扑了过去，其中一个埋怨道："祖父走得太快，孙儿都追不上您了。"

另一个则说："祖父往常都是从成都路绕到威海卫路，再从重庆路折回孟德兰路家中的，怎的最近几日，却要走到武康路上来呢？说也不说一声。"

老者没有回答。

最小的那个孩子小心翼翼地补充道:"自从祖母没有了之后,祖父就愈发有些奇怪了。"

领着孩子的老者也是锦衣白面,看起来像是白发老头儿的朋友。他瞧见模特儿,也是一惊,尔后说道:"筱石兄呐,果真如兄所言,这个模特儿的眉宇之间,长得可真是像亭秋夫人啊……"

阿皮被这突然涌进来的一群人搞得有些糊涂,怯怯问道:"敢问二位老爷,亭秋夫人是?"

白发老者叹了口气,说道:"乃是我的亡妻。"

随行的朋友也是万般感慨:"亭秋夫人才学过人,还记得数十年前,我们几个朋友携带家小同游清宴园,夫人走到观音楼那边,便吟了一首词。"

老者欣慰一笑:"闲倚西楼,声声箫鼓吹来早。旌旗树杪。一片霞光照。 池外红桥,桥外青松绕。天初晓。日光皎皎。花闹多青草。"

念完这首词,他的眼中竟似有盈盈泪光在闪烁。

随行较为年长的小男孩低声说道:"祖父又在思念祖母了……"

阿皮见状,心中不禁也有些感动,连忙同他二人说道:"二位老爷稍事歇息,容小的禀报老板,看看能否将这模特儿卖给老爷。"

钱塘许积厚轩老屋原址纪念碑

说罢，便邀请他们坐下等候。

那须发皆白的老者坐下来后，目光还是停留在橱窗内的模特儿上，瞧着那双眉，那双眼睛，思绪恍惚回到了许多年前……

2. 佳人良配

他叫陈夔龙，贵州贵筑人。少时家境清寒，幸于光绪十二年（1886）考取进士，尔后一直宦海沉浮。先后娶过两位妻子，奈何夫人们命薄福浅，皆因疾病不治而逝。

然而家中尚有幼子待哺，也需要母亲的教养；而自己，也渴望能够寻求一位知书达理的伴侣，可以携手同行，相伴终老。

这个想法，在一次同僚酒叙的过程中，被时任礼部尚书的廖寿恒知道了。他当即拍了拍陈夔龙的肩，说道："筱石，我有一位妻妹，才华卓然，端庄大方，出身杭州名门许氏家族。这许家，可是相当了得。不论是我岳丈，还是我的七位舅哥，皆是科第出身，四位中举人，三位点翰林。不知筱石心中可有意愿，倘若是有，愚兄便为贤弟做此佳媒。"

陈夔龙闻言，自是求之不得。当即拜谢廖寿恒："托兄长费心了。"

杭州许家是名门望族，陈夔龙早有耳闻，但从未想过，他竟有如此福报，能娶到许家姑娘为妻。

关于和许禧身结下姻缘这件事，陈夔龙曾言："余与嘉定廖尚书寿恒，先后随任黔中，同为泰和周氏婿。嗣缔姻钱塘许氏，又系尚书作伐。许夫人为尚书夫人之胞妹，重重姻娅，交谊弥敦。"

而他引以为傲的许夫人许禧身，曾在晚年所书的《笔记》当中，记载自己的前半生，说因为父亲为官清廉，所以家境颇为清寒。后来因为兄长们皆考取了功名，四哥在山东任职，便接了母亲前去赡养，许禧身也一直陪同在身旁。母亲因病去世之后，许禧身护送母亲的灵柩回杭州，与兄嫂同住有三年，这三年间，和兄嫂之间的关系亲睦。到了戊子年，她嫁给了陈夔龙。

对于陈夔龙来说，能够娶到许禧身，是他的福分。

对于许禧身来说，知她懂她的陈夔龙，亦是难得的知音。

许禧身喜欢写诗，陈夔龙便为夫人刊刻诗词。其中有《亭秋馆诗钞》十卷、《亭秋馆词钞》四卷。

许禧身的诗词优美，读她的诗，有如沐春风之感：

冬日湖上即事
西湖佳色雪中妍，飞絮平铺薄暮天。
渔子投纶波不动，茅庐深处起炊烟。

对梅
一片春光静，萧疏影正斜。
窗前如解语，不愧是名花。

再看她的词，意蕴深长：

长相思·春江野泊
风潇潇，雨潇潇。红杏林中酒旆招，杨花随地飘。
山遥遥，水遥遥。牛背村童过小桥，数声长笛高。

一剪梅
穗帐空悬影渺茫。月到西廊，风弄西窗。来从何处去何方。母也心伤，儿也心伤。　翠袖低垂振佩珰。泪滴云裳，悲结衷肠。丰姿明媚旧时装。云气飞扬，雾气飞扬。

……

这样一位才气斐然的女子，出嫁以前，一直侍奉在母亲身边。许母在一次迁徙过程中，于途中感染了风寒，最后再也没有起来过。许禧身为母丁忧，直到31岁，经过姐夫的介绍，才嫁给陈夔龙做继室。

陈夔龙墓

身为陈家妇，许禧身跟随丈夫来到京城。

当时的陈夔龙任顺天府尹，相当于现在的北京市长。

为了帮助丈夫的仕途发展，同时也为了让自己更好地融入京城的生活，这位来自南国的佳人，频繁与京城的名媛贵族结交。她凭借温柔与才华，很受欢迎，与庆亲王府的格格们也相处得十分愉快，情同姐妹。因为她乖巧伶俐，性格很好，十分讨人喜欢，庆亲王福晋竟要收她做干女儿。

于是，陈夔龙与许禧身便拜了庆亲王为干爹，拜了福晋为干娘。

从那以后，陈夔龙的仕途便是顺风顺水，步步高升，历任漕运总督、河南巡抚、江苏巡抚、四川总督、湖广总督……

3. 问膝下，承欢能再？

许禧身与陈夔龙膝下，育有两女。

次女在未满周岁之时，便已夭折。

剩下的长女，名唤陈昌纹，字绣君，是个聪慧异常的姑娘。这个姑娘令陈夔龙与许禧身引以为傲，她自小便喜欢读书，还擅长音律、丹青、弈棋。

15岁那年，陈昌纹写了一首《春晓》，十分喜欢，便给了母亲看：

> 啼乌鸣起现朝阳，惊觉黑甜梦里乡。
> 阶下柳花飞是絮，林中莺舌弄如簧。
> 清风拂槛花含露，丽日当窗炉袅香。
> 妆罢命鬟青镜掩，吟笺自理漫评量。

许禧身读了，也很欣慰，同丈夫说道："绣君年纪虽小，可文采却已卓然。"

对于这个女儿，陈夔龙也是颇为赞赏的。他感慨道："还不是都随你。绣君这孩子，从小就喜欢读书得紧，一天到晚捧着书本不撒手。"

许禧身虽然也感到高兴，却也有些忧心忡忡。她叹道："可是我并不愿意她为学识劳累。废寝忘食地读书，是会伤身体的，此举，并不可取。"

陈夔龙安慰妻子说："无妨，读书是她的兴趣，由她去吧。"

瞧着女儿苦读到深夜，许禧身心疼不已，但也真的就随她去了。

原以为这个女儿长大成人，会成为名动一方的才女。

然而世事难料。陈昌纹在17岁时，患了疾病。当时她的父亲陈夔龙正在河南任巡抚。陈昌纹生病后，家里请来了医师，可能是方子出了错，又或者是陈昌纹本来就已病入膏肓，在患病卧床七日之后，陈昌纹仙逝而去。

大女儿陈昌纹的去世，令陈夔龙与夫人许禧身悲痛欲绝。

陈夔龙请来当时的著名学者俞樾为女儿作墓志，自己与夫人许禧身又分别为女儿作下哭女诗。陈夔龙作诗

《陈尚书继配许夫人墓志铭》拓片

50 首，许禧身作诗 36 首。

许禧身作《金缕曲·后楼咏桂，感怀忆女》：

转眼秋风再。更望这、萧森绿树，终朝相待。蝶舞花飞频戏扑，桂子飘香已快。况连日、金霞灿彩。翘首问天天不语，一霎时、神往层霄外。仙迹杳，究何在。　深衙宴处真无奈。最堪嗟、红尘碌碌，那年了债。人说光阴嫌太速，我道流光难耐。只剩得、悲肠莫解。绮丽繁华难遣兴，望蓬莱、亦念儿心戴。欲抛弃、发深慨。

最终，许禧身护送女儿的棺柩回到西湖三台山安葬。

中年丧女的她悲痛感慨："问膝下，承欢能再？"

她没有再回河南那片伤心地，而是留在娘家附近，买了一座宅子。直到陈夔龙调任江苏巡抚，许禧身才动身前往，与之团聚。

多年以后，清廷覆灭，陈夔龙不愿做贰臣，不论是袁世凯还是他人，他均不为所动。

许禧身追随他，一同住在上海法租界，于1916年（民国五年）卒于上海。

参考文献

1. 沈建中：《钱塘女诗人许禧身墓志铭考略》，杭州文史网 2020 年 7 月 29 日。

2. 吕俊红：《清末女诗人许禧身生平及其家世述论》，《兰台世界》2018 年第 10 期。

3. 范婷婷：《性别焦虑与主体建构——晚清女作家的自我呈现》硕士学位论文，西南大学中国古代文学专业，2019 年。

丛书编辑部

艾晓静　包可汗　安蓉泉　李方存　杨　流
杨海燕　肖华燕　吴云倩　何晓原　张美虎
陈　波　陈炯磊　尚佐文　周小忠　胡征宇
姜青青　钱登科　郭泰鸿　陶文杰　潘韶京
（按姓氏笔画排序）

特别鸣谢

楼含松　卢敦基　江弱水（系列专家组）
魏皓奔　赵一新　孙玉卿（综合专家组）
夏　烈　陈歆耕（文艺评论家审读组）

供图单位和图片作者

杭州市文物考古研究所
丁云川　于广明　张国栋　金　毅　韩　盛
蔺富仙（按姓氏笔画排序）